就业为导向的高校管理实践研究

王 浪 著

学苑出版社

图书在版编目（CIP）数据

就业为导向的高校管理实践研究 / 王浪著 . — 北京：
学苑出版社，2023.12

ISBN 978-7-5077-6773-5

Ⅰ . ①就… Ⅱ . ①王… Ⅲ . ①大学生－就业－高等学
校－教材 Ⅳ . ① G647.38

中国国家版本馆 CIP 数据核字（2023）第 234573 号

责任编辑：乔素娟
出版发行：学苑出版社
社　　址：北京市丰台区南方庄 2 号院 1 号楼
邮政编码：100079
网　　址：www.book001.com
电子邮箱：xueyuanpress@163.com
联系电话：010-67601101（销售部）、010-67603091（总编室）
印 刷 厂：河北赛文印刷有限公司
开本尺寸：710 mm × 1000 mm　1 / 16
印　　张：10.75
字　　数：215 千字
版　　次：2023 年 12 月第 1 版
印　　次：2023 年 12 月第 1 次印刷
定　　价：72.00 元

作者简介

　　王浪，女，1985 年生，汉族，湖南临澧人，硕士研究生学历，毕业于湖南师范大学，心理健康教育专业。现就职于湖南涉外经济学院招生就业处。

前　　言

近年来，由于教育事业发展良好，高校毕业生数量呈现逐年上升的趋势，在这样的时代背景下，高校毕业生的就业问题，已然成为社会重点关注的问题之一。就业作为学校与社会对接的关键环节，对每一个学生的人生发展和自我成长都有着十分重要的意义。然而，由于毕业生人数不断增加，社会就业岗位饱和度不断提高，市场经济竞争不断加剧，高校毕业生就业越来越困难。因此，高校应该提高对以就业为导向的学生管理工作的重视度，通过教育管理手段的引导与干预，提升学生的综合素养，使其树立良好的就业创业价值观念，从而增强学生踏入社会所需的竞争力。鉴于此，特撰写《就业为导向的高校管理实践研究》一书。

在撰写本书过程中笔者参阅了相关资料，吸取了许多有益的内容，由于笔者水平有限，书中难免有错误和不当之处，恳请广大读者批评指正，以臻完善。

王　浪

2023 年 8 月

目　　录

第一章 教育管理发展趋势

回眸和总结新中国成立以来我国教育管理学发展的基本历程、取得的辉煌成就，不仅可以增强我们对中国特色社会主义的道路自信、理论自信、制度自信、文化自信，而且可以增强作为新时代教育管理学人的学科自信、职责自信、使命自信，同时更可以使我们理性地认识现状，清晰地把握未来，满怀信心地继续奋斗。

第一节 教育管理发展的历史与现状

进入近代社会，国内的教育管理经历了多个发展阶段，整体来看在曲折当中不断前行。

我国教育管理的理念研究最早可以追溯到晚清时期，当时西方的教育管理思想开始进入国内，清政府兴办了大量的现代化学堂，并配备了教育部门的管理人员，师范类学堂主持人、教师及学生是早期学习"教育管理"的主要人群，当时就已经接触到教育管理相关的理论及方式，这意味着我国社会开始涉猎现代教育管理领域，从时间上来看我国的教育管理研究时间段和西方国家保持了同步。

在晚清及民国时期，政府派出的海外学习人员逐渐归国，他们中的一批人走进了乡村，开始尝试在乡村开展教育改革，也有的优秀人才前往高等院校教书育人，开展理论研究。早期留学归来的优秀人才为我国的教育管理研究做出了杰出的贡献。

党的十一届三中全会之后，对于教育管理的研究进入了新的阶段，这一时期，教育管理的课程成为教育体系的一部分，同时也组建出了全国性的学术团体——中国教育学会管理分会，这就为研究教育管理的理论提供了重要的支撑。教育管理研究领域取得的成就已经超过了以往任何时期，在研究的广度及深度方面已经处于较高水平。

早期的教育管理理论研究受到了国外思想的影响，晚清政府组建了新式学堂，要求教育管理的理念向国外看齐，新式学堂的管理人员以及教育部门的官员开始研究学校的管理方式。学术界从国外选取了部分教育管理的论著进行翻译，其中有很多书籍源于日本。日本的教育理念受德国教育理论的影响颇多，偏向于理论规律的认知，因此我国的教育管理研究也集中于理论方面，这一点和国外相同，缺少中国社会的特色。1920年之后，国内教育界逐步崛起，开始出现了本土的教育专家，这些专家在早年曾经去国外留过学，对国外的教育管理理论有一定的认知，开始将国外的教育管理思想以及方式和方法在国内应用。与此同时，教育管理专家将新式教育管理思想及方法与我国的农村社会相结合，进行大量的实践和有益的尝试，将我国的教育实际状况与国外的理论相结合并进行改造，逐步创造出了具有我国特色的教育管理理念。其中具备典型代表意义的学者是陶行知先生，陶先生的老师是美国教育学家约翰·杜威，陶先生有着特有的教育管理思想，强调理论与实际的融合，将教学活动和实践活动看作一个整体，这种思想理念体现出了现代化的教育观点，避免了原本实用主义对教育管理的负面影响。陶行知提出的教育管理思想，在我国教育界产生了深远的影响，他是我国本土学者研究教育管理理论的代表性人物。

对于教育管理的研究，虽然能够参考国外现有的经验，但是不能使用拿来主义的做法，这样会导致严重的负面后果。比如将国外的经验当作标杆，对于国内的教育管理体系采取全面否定的态度，取消师范类院校的教育管理课程，这些做法严重影响了本土教育管理的理论研究活动。

对教育管理学的研究，首先要结合国内的教育管理实践总结经验教训，并寻找出正确的方向，按照预定好的方向逐步深入研究。现阶段该领域的研究趋势有两种：一是对现有的管理经验进行总结，从中进行概括并构建出完整的理论框架；二是从国外企业管理的理论当中寻找合适的部分并完成内部转化，与教育管埋相结合，塑造出新型理论框架。围绕着以上两个方向展开研究，能够带动国内教育管理理论的成长，但是两种理论方向都有不足之处。只有对经验进行总结才能逐步使其上升为理论，只有对抽象的事物进行高度概括，寻找不同事物的关联性才能顺利地完成移植，尤其是要处理好教育管理的理论以及普通管理的理论之间的关系，从中发现共性以及特殊性，这是一件非常困难的事情。

了解我国教育管理的发展过程，有助于我们对教育管理进行合理的改革，从而推动教育管理的现代化转型。

一、新中国教育管理学发展的基本历程

19 世纪末，伴随着"西学东渐"思潮的兴起，教育管理学被从西方引入中国，当时在学科内容和体系上主要以效法德国和日本为主。教育管理学在神州大地上的真正发展和繁荣，是新中国成立特别是改革开放以后的事情。梳理新中国成立 70 多年来我国教育管理学发展的基本历程，以学科知识体系建设、学科独立地位发展和学术成果产出以及研究热度等为标准，大体上可以将其划分为以下几个基本阶段。

（一）学科诞生孕育期（1949—1966 年）

清朝末年民国初期，由于受当时中国社会性质的影响，当时所产生的教育管理学既不具有马克思主义属性，也不具有中国特色社会主义属性。因此，独立的、科学的、具有中国特色社会主义属性的教育管理学的建立与发展，起始于新中国成立之后。

新中国成立初，为了完成政权更替和对国民党时期旧教育的改造，在教育管理研究领域主要是总结推广陕甘宁边区干部教育和学校教育的经验，尝试着将教育朝着社会主义的、人民的、大众的方向转型，同时加强党对各级各类学校的领导，确保党对教育的领导地位。伴随着 20 世纪 50 年代初中苏友好关系的建立，在教育管理领域主要是学习和引进苏联的模式与理论。当时苏联教育学界认为教育管理学的研究对象属于教育学的范畴和领地，这导致我国未能将教育管理学作为一门独立学科而展开研究，其学术探索主要孕育和包含在教育学研究的母体之中。

（二）学科发展停滞期（1967—1977 年）

教育学及其相关学科相继被康生、"四人帮"等打成"修正主义"，心理学被说成"伪科学"。这一时期，全国师范院校纷纷撤销了教育学、心理学等专业和学科，包括教育管理学在内的整个教育学发展陷入了无专业、无组织、无人员、无著述的研究停滞期。

（三）学科恢复重建期（1978—1992 年）

1978 年党的十一届三中全会召开，开始了全面的拨乱反正。1985 年第一次全国教育工作会议召开并颁布《中共中央关于教育体制改革的决定》，标志着我国文化、科技、教育等各项事业进入了恢复重建和蓬勃发展时期。伴随着改革开放的到来，教育管理学和整个教育学科迎来了明媚的春天。

3

一是各师范院校纷纷重建教育系和教育管理专业。随着教育管理专业的设立和招生，教育管理学、学校管理学、教育行政学、教育督导学、教育政策法规等成了该专业的主干课程，这预示着学科重建和学科研究的起步。

二是全国性的教育管理学术团体创立。1981 年 4 月，在福州召开的全国教育学会第二届年会上，萧宗六等十位同志发起成立了全国学校管理研究会筹备组。1982 年暑假，在大连举行了学校管理学研讨会。1983 年 10 月，在西安正式成立了中国教育学会教育管理分会并召开了首届学术年会。教育管理分会建立的宗旨是团结和组织全国有志于从事教育管理学研究的人员，积极开展学术研究，促进教育管理科学化水平提升和教育质量提高。1985 年又成立了全国高等教育管理委员会。专业学会的成立，既为广大学者搭建了学术交流的平台，同时也活跃了学术氛围，促进了教育管理学研究的发展和繁荣。

三是学科研究重新起航。如同在长期压抑之后获得解放一样，这一时期的教育管理著作和论文纷纷涌现，并促使整个学科朝着正规化、系统化、科学化的方向演进。

这一阶段教育管理学的发展具体表现如下。一是学科研究领域和学科研究对象逐渐明晰和确定，学科体系初步构建成型。二是专业化的学术研究组织和学科研究共同体正式成立，专业化研究平台初步搭建，独特的学科话语体系开始构建和生成。三是大力引进西方现代企业管理理论、组织行为理论、西方教育管理理论等来充实、丰富学科的知识体系和内容。四是专门化研究队伍的形成大大推动并促进了教育管理学研究成果的产出。

（四）学科研究繁荣期（1993—2011 年）

1993 年，党中央颁布了《中国教育改革和发展纲要》（以下简称《纲要》），次年 6 月，中央召开了第二次全国教育工作会议（以下简称全教会）讨论《纲要》的贯彻落实。1999 年 6 月，第三次全教会召开，颁布了《中共中央国务院关于深化教育改革全面推进素质教育的决定》。2010 年 7 月，第四次全教会召开，党中央颁布了《国家中长期教育改革和发展规划纲要（2010—2020 年）》。随着这一时期我国教育改革的不断深化和教育事业的快速发展，教育管理学研究进入了稳健发展和繁荣时期。

第一，学科地位和属性被明确界定。国家技术监督局在 1992 年颁布、1993 年正式实施的《中华人民共和国学科分类与代码国家标准》（简称《学科分类与代码国家标准》）将"教育管理学"作为"教育学"一级学科下属的次级子学科并明确标识，这标志着教育管理学作为一门独立的二级学科在国家标准中被正式确立，并明确了其归属于教育学一级学科。1997年国务院学位委员会和国家教委联合颁布了《授予博士、硕士学位和培养研究生的学科、专业目录》（简称《学科、专业目录》），其中将"教育管理学"明确列为"公共管理学"一级学科之下的二级学科。尽管学术界在学科归属问题上存在争议，但国家标准和学科专业目录从根本上解决了教育管理学的学科定位和科学地位问题。

第二，学科体系建设日臻成熟。这一时期，经过众多学者的努力，已初步形成了较为系统全面的教育管理学学科体系和学术体系，并且研究内容上的本土化日益凸显。

第三，对西方教育管理理论的引进与借鉴显著增多。这一期间除了本土研究日益趋热之外，许多学者积极引进与推介西方成熟的教育管理理论，以丰富和充实中国教育管理学的知识体系。

这一阶段教育管理学的发展特征有四个。一是明确了教育管理学的学科属性和学科定位，为学科知识的生成和学科体系的发展奠定了基础。二是教育管理学发展又从从分化、独立的视角出发所进行的话语知识体系构建转向对学科体系的整体统合与建构上来。三是面向实践的教育管理学知识建构与理论生成开始走上前台，学术研讨的实践取向得到明显强化。四是开始触及对学科研究方法和学科研究范式的探讨与变革。

（五）学科守正创新期（2012年至今）

2012年，党的十八大召开，我国经济社会发展进入了新时代。这一时期，习近平新时代中国特色社会主义思想成为指导包括教育事业在内的我国各项事业发展的根本指南，特别是2016年5月17日，习近平总书记在哲学社会科学工作座谈会上发表了重要讲话，对新形势下我国哲学社会科学发展提出了新任务、新要求、新期待，要求哲学社会科学发展必须坚持马克思主义，坚持正本清源、守正创新。2018年9月召开了全国教育大会，习近平总书记发表重要讲话，对新时代我国教育事业发展进一步提出了明确的新要求。伴随着学习贯彻习近平总书记的讲话精神，这一时期我国整个社会科学研究包括教育管理学在内，开始进行一定程度的反思，并在指导思想、价值取向、研究重心、关注焦点等方面明显地出现了以下特征和趋势。一是进一步巩固马克思主义对教育管理学研究在哲学层面的指导地位。二是伴随着"四个自信"的确立，进一步注重本土研究，着力构建富有中国特色的教育管理学学科体系、学术体系和话语体系。三是进一步凸显学术研究的"问题意识""靶向思维"，由以往醉心于"知识旨趣"的研究取向，转向对新时代我国教育管理实践所面临的种种现实问题和突出矛盾的探讨与解答。四是在研究范式和方法上更加注重实证研究、量化研究、田野调查以及基于现代信息技术的大数据和云计算等手段的运用。

这一阶段教育管理学的发展表现如下。一是强化本土化研究，力图构建凸显中国特色、解决中国问题的教育管理学理论知识体系。二是研究问题域从单纯的学校管理研究转向宏观的教育管理现象域和问题域的研究，拓展了研究视野，提升了学科思维深度。三是实现了研究范式从单一的思辨模式向多学科背景、多种问题分析解释框架运用的转变。四是强调学科建设中的反思与批判，对传统的接受性思维方式进行再认和革新，对固有的教育管理学观念进行分辨和剖析，理论研究和知识生成中的反思批判意识显著增强。

百年大计，教育为本。一直以来，总书记高度重视教育工作，党的十八大以来，把教育工作摆在更加突出的优先发展战略地位，提出了一系列新理念、新思想、新论断，为做好教育工作提供了根本遵循，开启了教育现代化、办好人民满意教育的历史新征程。党的二十大报告把教育、科技、人才统筹安排、一体部署，凸显了教育事业在党和国家工作全局中的分量。要认真学习贯彻党的二十大精神，深入贯彻落实总书记关于教育工作的重要论述，奋力推进教育事业持续健康发展。

首先，坚持立德树人根本任务。全面落实党的教育方针，坚持立德树人根本政治任务，牢记总书记关于教育"国之大计、党之大计"重要指示精神，抓住"培养什么人、怎样培养人、为谁培养人"这个根本问题，抓住思想政治教育这个"牛鼻子"，推动党的最新创新理论进教材、进课堂、进学生头脑。要厚植爱国主义情怀，教育引导广大青年增强"四个意识"，坚定"四个自信"，做到"两个维护"，自觉投身到教育事业中。要不断提高教师的理论修养和思想政治素质，严格要求自己，全方位提升自己，坚持教书和育人相统一，言传和身教相统一，用高尚的人格感染学生，用真理的力量感召学生，以深厚的理论功底赢得学生，更好担起学生健康成长指导者和引路人的职责。

其次，坚持以人民为中心的教育。新时代坚持以人民为中心发展教育，要着眼于人民群众的需求，满足人的全面发展需求，解决阻碍人全面发展的深层次矛盾，大力优化教育结构，实施新时代教育行动，建立并完善高质量教育发展体系，努力发展素质教育。要遵循新时代教育发展理念，不断优化教育资源配置，科学调整教育结构，深化教育课程改革，加快推进教育数字化建设，主动利用并对接好全国教育优质资源，不断推进教育公平，让教育发展成果不断惠及全体人民。

最后，坚持抓好教育"三支队伍"。抓好教育工作，教师、校长、教育局长三支队伍建设是关键，加强高素质教师队伍建设，持续组织好教师"国培"计划、教师交流培养等，全面提高教师教育素质。持续深化校长职级制改革，对校长选聘、职级管理、任期目标开展中长期评估，实现干部能上能下的合理流动机制。加大后备干部储备力度，建立后备校长人才库，通过集中培训、上挂下派等方式，逐步形成合理的干部梯队模式。要加强教育局长队伍建设，选拔有教育经历、懂教育、爱教育的人成为管理教育的人。

二、70 多年来我国教育管理学发展的主要成就

新中国成立 70 多年来，我国教育管理学的发展虽历经波折，但是正如同我国社会主义事业的发展一样，在蜿蜒曲折中依然坚韧向前，并取得了辉煌成就。

（一）学科地位日益提升，学科阵容不断壮大

分析新中国成立 70 多年以来我国教育管理学的发展历程，总体上呈现出一种正规化、建制化、体系化的发展道路取向。在这一过程中，学科体系、学术体系、话语体系不断丰富和完善，获得了应有的科学地位。首先，教育管理学被正式列入了《学科分类与代码国家标准》和《学科、专业目录》，庄重而神圣地登上了科学殿堂。其次，高等院校特别是师范类院校中普遍设立了教育管理学的教学与研究机构，并开展本科生、硕士生、博士生以及博士后等专门人才培养。据统计，目前全国教育经济与管理博士学位授权点已达 25 个，教育领导与管理专业型博士授权点 12 个，教育经济与管理专业学术型硕士授权点 98 个，教育管理专业型硕士学位授权点 120 个，并且北京师范大学和北京大学的教育经济与管理跻身于国家重点学科行列。再次，有了专门的研究刊物。据统计涉及教育管理学的期刊有 20 多种，并且在许多学术期刊中还分别开设了教育管理专栏。最后，有了一支实力雄厚的研究队伍，并建立了全国性和地方性的学会组织。

（二）研究内容不断拓展，知识体系日益成熟

国内理论界对于教育管理的理论进行了 70 多年的研究，进一步拓展了教育管理学的领域，其学科建设在不断完善。研究重点也有所变化，早期的研究侧重于学科概念的划分、对象的挑选、研究的具体方式方法、体系的完善性等，现阶段学者普遍将"教育管理的问题"作为研究的重点，以问题为核心对教育管理的现象、价值论、认知论、本体论等进行分析，在深层次的探索过程当中，我国教育界出现了很多与之相关的论文、专著以及教材。

（三）研究范式日趋规范，研究方法不断创新

首先，教育管理相关理论源自教育学，因此难免会受到人文主义思想的影响，要求构建知识体系必须体现出明确的核心、周密的逻辑、高度的概括性，这一时期的管理学知识主要体现出了思辨方法的特点。

其次，从管理学领域衍生出教育管理学，这种研究理念采用了实证性的研究方式，偏向于理性，要求在教育管理上展开科学的设计把控，并运用实证检验的方式对教育管理的有关知识点进行检验。研究的范围以及模式存在着多样化的特点，所以衍生出的研究方式及方法变得更加多样，通常有调查法、经验总结法、文献研究法、个案分析法以及试验法，在这些研究方式的基础上后人也进行了改进，推出了叙事研究法、田野调查法、行动研究法、质的研究法等多种研究方式，对于教育管理学研究质量的提高起到了促进作用。

（四）在学习借鉴国外理论的基础上，本土化的教育管理理论不断创生

国外的教育管理相关理论数量众多，我国的教育管理学在发展之初直接从国外的理论当中吸取经验进行移植，如德国、日本、英国、美国等都是早期的借鉴对象。1949年以后国内的教育管理理论借鉴的是苏联模式，1978年之后再次从西方国家引入相关理论。吸收了国外的理论知识后，国内专家学者进行了消化吸收，并遵循本土化的原则形成了大量相关的理论成果以及管理体系，这些理论成果符合国内的基本国情同时也突出了中国特色。

三、现阶段教育管理学发展的不足

（一）学科归属定位仍存在争议

教育学的归属分类是从1995年开始划分的，当时被划分成教育学科下属的二级学科，其研究视角大多从教育领域出发关注宏微观的教育管理问题。但是1997年后，我国教育部门调整了学科的专业目录，其中将教育管理学与经济管理学进行结合，将这门课程划分到了公共管理学科一级学科内，1998年教育部将教育经济与管理专业当作独立的课程专业，在课程归属划分上存在着多次变化与矛盾，因此学术界在教育管理学科的归属方面尚未形成统一的结论。从管理学的视角来看，学者要求使用科学的思维方式与客观性的研究，尤其是运用实证以及实验等方式对知识的产生展开探究。按照传统教育学的价值理念要求，将教育管理学当作哲学思维的表现形式，思考教育管理的深层次意义，并分析思维及存

在的内在联系。由于在学科归属上存在较多争议，其对教育管理学科的发展造成了负面影响。

（二）整体研究上仍存在着理论与实践相脱节的现象

这突出表现为，教育管理理论工作者的研究旨趣与一线实践工作者的客观需求存在着较大程度的差异。众所周知，理论对实际的教育管理者而言存在三种基本功能，一是提供问题的分析参考框架，二是提供分析和解决问题的一般模式，三是在理论指导下的理性决策。分析了国内教育学理论的发展历程，可以看出，在研究教育管理学理论时，对于其他理论的依赖较多。比如在理论成果、思路、研究体系以及认知路径等方面都与相关学科的理论有紧密的联系，但实际上教育管理属于特有的实践性问题，但专家学者构建出的研究体系属于虚拟化场景，在研究体系当中过于关注相关知识的融合，没有结合详细的实践问题，没有对具体的教育管理实践问题展开探究。所以，教育管理学科只能归属于其他学科，很难成为独立的研究对象。除此以外也有专家在教育情境的研究上喜欢采用碎片化的方式展开描述，或者结合心理学内容对教育问题进行解读，所以无法形成科学的教育管理理论，导致了研究体系无法构建。

（三）学科的理论建构和独特话语体系有待进一步完善

有学者发现，教育管理学理论的产生过程存在诸多问题，比如体系不完善、选择的研究视角过于狭隘、理论内容过于肤浅、不注重时效功能、研究的概念非常落后。在笔者看来这种观点过于偏激，但同时也反映出了教育管理学的研究问题颇多，需要引起人们的重视。比如在教育经济学的核心研究上，世界银行组织提出该领域的研究包括了对教育进行干预，涉及学校内部的管理，而教育管理学重点关注宏观教育的政策以及微观领域的研究，由此可见两种学科的研究内容各有侧重，所以在学科建设上会出现不同的归属，但有的学科分数处于同一级别，这种情况下无法促进教育管理学的学科建设活动，导致难以形成独立的学科话语体系。

四、新时代我国教育管理学发展展望

进入新时代，担当新使命，展现新作为。展望新时代我国教育管理学发展的目标和愿景，将出现以下趋势。

第一，马克思主义哲学对教育管理学的指导地位将进一步得到强化。我国教育管理学发展的根本目的和功能在于为深化教育改革、提高教育管理的科学化水平提供理论依据，继而促进教育质量提高，培养德智体美劳全面发展的社会主义事业建设者和接班人。我国社会主义教育事业的性质和教育管理学发展的目的、功能及服务对象客观地决定了其学科建设与发展必须坚持以马克思主义哲学为指导，特别是进入新时代以来，以习近平同志为核心的党中央旗帜鲜明地强调要进一步巩固马克思主义对哲学社会科学的指导地位，坚持正本清源，守正创新，培根铸魂。在这样一种背景下，未来我国教育管理学的发展必将进一步凸显马克思主义哲学的指导地位，并按照"不忘本来、吸收外来、面向未来"的基本思路着力构建具有中国特色的教育管理学理论体系。

第二，将更加重视教育管理知识的实践生成模式。如果说在过去 70 多年的历史中，教育管理学发展为了争取学科的独立地位、构建学科的基础理论、丰富学科的知识体系而尊崇一种"理性主义至上"和以"知识建构"为旨趣的研究模式与取向的话，那么今天伴随教育管理学理论框架的初步完善、知识体系的日臻成熟，尤其根据我国教育管理现象世界内外环境的巨大变化，教育管理学的研究取向和理论建构必将转向实践生成模式，即对进入新时代后我国教育管理实践所面临的一系列新矛盾、新问题、新现象进行积极的探索、研究和解答，同时在这一过程中不断创新、生成、丰富教育管理学的知识内容和理论体系，并借此建构和完善具有中国特色的教育管理学。

第三，教育管理学的研究内容将朝着多元化、多学科领域不断拓展。教育管理学的学科母体具有多元性，这决定了其学科属性具有边缘性、交叉性、综合性。伴随着学术探索的深入和深化，教育管理学的研究内容必将朝着多学科领域渗透和拓展，而且其研究方法将呈现出以多学科分析认识工具来综合研究解决教育管理实践问题的特征，多元主义、学科群、知识群等将纷纷涌现，质性研究和量化研究将会受到同等重视。

第四，大数据、云计算等现代信息技术将在教育管理学研究方法中被广泛应用。伴随着信息技术和网络技术的蓬勃发展，大数据、云计算已成为现代社会人类生产和生活的常态数据处理与分析工具。大数据虽不能完全表征社会实践的所有状态，但其可以帮助我们对教育实践问题进行全息式的描述与认知。大数据不仅数据量大、类型繁多、价值密度低、速度快，而且这些海量数据拥有着常规研究方法所无可比拟的全域数据优势和全面状态表征优势，借助一定的分析工具和手段进行可视化的数据分析，可以使人类通过数据规律的方式来预测和洞见人类科学研究、社会实践领域中的真知和规律。云计算是借助互联网大量在云端的计算资源进行数据分析与处理，这可以大大降低教育管理研究中海量数据资源处理时硬软件设备的限制，并通过对云计算中心的共享和分布式教育资源的运用，获得前所未有的数据分析和处理能力，从而更为科学、客观地认识和把握教育管理规律。

第五，强化由本土研究、建构有中国特色的教育管理学体系将成为最主要的目标和任务。增强文化自信、理论自信、道路自信、制度自信，坚定地发展中国特色社会主义，是新时代我国官方和民间的最强音。同样地，增强学科自信、理论自省和独立话语体系建构，也是当代中国教育管理学人最为洪亮的主张。在这一背景下，未来我国教育管理学研究将会更加注重本土研究，更加注重问题意识和靶向思维，并把构建具有中国特色、体现中国国情、解决中国问题的教育管理学学科体系、学术体系和话语体系作为最为主要的攻坚任务和奋斗目标。

第二节　现代教育的管理方法

教育的现代化，必然要求教育管理现代化。展望教育管理的现代化趋势，大致包含以下几方面内容。

一、管理信息化

社会发展已经实现了高度的信息化，信息的传播范围越来越广、传播速度也在提升，这必然会给教育管理带来深远的影响，因此在教育管理研究上也要与时代发展相结合。

（一）信息化是世界各国的发展战略

科学技术正在不断地更新换代，逐步衍生出信息化技术，这也成了全球关注的焦点。当前，在某些国家或地区，信息化不仅是一种潮流，而且已经改变了社会的发展形态。信息化运用了多种计算机、网络等信息技术载体，对人们的生活产生了深远的影响。人们可以利用信息化技术参与改造社会，其中影响最为显著的有政治、生活及经济等层面。信息化是世界各国的发展战略，信息化转型也是我国接下来要经历的发展过程。

（二）信息化对教育管理的影响

信息化技术应用在教育领域出现了教育信息化，并形成了新型教育制度，它包含了教育观念、组织架构、内容方式、文化、评价管理等。这体现出了教育信息化的复杂性，会给教育管理带来更大的冲击。

在教育管理的相关概念上，信息化的应用促使人们发生观念的转变，比如时间对于医生而言是生命，对于企业家来说意味着财富。

应用信息化技术传递信息速度往往较快，这就要求人们必须充分利用好时间，对时间进行有效的把控，一方面保持较好的管理水平，另一方面提升管理效率。在社会上时间观念得到了人们的认可，因此管理效率必须要同步提升，只有将效率加快，才能避免出现官僚作风。从教育管理角度看，应用了信息化技术之后，教学环境会变得更加虚拟化，利用网络渠道，教师可以突破传统课堂的限制，通过网络实现更多的交流，这会促进学校课程管理的改革，内部的管理架构也会得到优化。

（三）教育管理要为信息化做准备

使用信息化技术对教育领域进行改造，并实现全社会的信息化转型。信息技术的升级与进步对教育带来的影响十分深远，尤其是互联网教育、网络校园等新型教育模式的出现，对校园的管理提出了新的要求。学校需注重质量以及效益的统一，利用信息教育资源推动资源的共享，注重学习的交流与自主性，打造出教师与学生的新型关系。提出终身教育的管理方式，将教育推向社会化层面，使用网络技术可以为人们学习带来虚拟的环境，突破传统教育渠道的束缚，这样学生也能够实现个性化的学习。因此，教育管理需要结合信息化时代的背景特征，提前做好应对措施。

教育信息化最突出的问题是师资问题。目前我国不仅信息技术教育的专职教师较为短缺，而且有部分校长、教师的信息技术知识的整体水平较低，呈现的现状是校长不及教师，教师不及学生，这将严重影响我国教育管理现代化的进程。因此，教育部门要加强对校长和教师的信息技术培训，将这种培训纳入校长和教师继续教育的范畴，使校长和教师适应教育信息化的要求，赶上时代前进的步伐，做到与时俱进。

客观而言，运用新技术本身就是一把双刃剑。教育部门可以借助互联网，将国际的最新理论、最先进的理念和最切合实际的经验引入互联网教学中，但是，它也有可能与我们的国情相背，盲目地追求新奇，带来的只能是错误的观念和不良的做法四处蔓延。网络化管理对降低管理层级提出了更高的要求，各岗位的工作人员要将工作效率提升起来，优化人力资源的应用效率，以提升学校的经营管理水平。但这种做法也有弊端，比如，每个人的时间都是有限的，人们不能只顾工作却忽略生活，科学技术进步了之后，人们的个性得到了释放。应用网络教育让人们的交流范围变得更加广泛，教师以及学生可以掌握更多的知识，然而学生的思想尚未成熟，可塑性较高，网络上的负面信息会给学生的成长带来干扰，学校等教育机构必须重视合理地对其进行引导。因此，在对网络教育进行研究的过程中，应注意探讨如何防范网络上的犯罪行为、网络的负面影响以及学生的考试作弊行为。开展教育信息化工作，必须重视学校的教育及管理工作，并将其放在第一位，研究相关的理论并制定出管理法规。

二、管理民主化

我国的国家制度从本质上来看属于民主原则的一种体现，因此在学校管理上也要遵循民主化原则，这也是进行现代化管理的核心。针对行政部门进行民主化管理，要求精简管理机构，并将权力下放，让学校具备更多的独立办学自主权。从学校内部层面来看，社区、家长、教职工等都要监督校长的管理职能。从教师的角度来讲，应该认识到并持续提高学生的主体性，培养学生自主学习的能力，并提升课堂教学品质。

我国政府在学校管理上，是从宏观层面颁布相应的行政管理措施。比如政府制定出了大量的教育法规、政策等，在大局上对学校的管理工作给出了方向。同时政府也制定出了多种教育规划、教育标准等，这些都属于宏观管理的一部分。

对学校的管理是我国教育部门必须履行的重要职能，在以往阶段，教育行政管理部门对学校的管理过于严格死板，所以学校的业务受到的限制比较多。现阶段的行政管理机关要转变职能，强化学校的自主权利，实行民主化管理方式。

在学校实施民主化管理，赋予了校长更多的自主权利，政府制定有规划的教育方针，校长可以在方针政策的指引下突出办学特色。在办学的过程当中，校长逐步形成了独特的思想，只有接受特色思想的指导学校才会形成独有的特色。从这一点来看，不管是从理论上，还是从实践上，都对校长的领导力提出了新的要求。在学校经营中，应将国家教育政策的普遍性与学校自身的特殊性相结合。教育政策在全国范围内是统一的，因此要遵循大的政策方针，不能违背最基本的原则。学校应根据办学的实际状况将教育方针落到实处，只有结合学校的实际状况，才会凸显出管理的创造性。

三、教育终身化与教育管理的整体优化

1960 年社会上出现了终身教育的理念，这种理念出现之后对教育管理产生了较大的冲击，教育管理战略开始以终身教育理念为主，强调构建一个以终身教育学习为主的社会。

教育和人们的生活密不可分，终身教育是指人在一生当中要不断地学习，并贯穿到生命的整个过程。要对教育进行重新规划，学校教育只是其中一部分，在社会上已经建立起社会化学习的政策。运用终身教育的思想对于转变教育管理的模式有着重要的意义。

（一）确立终身学习的教育管理理念

提出终身教育的发展理念以后，我们对于教育管理的理解发生了根本性的变化。在纵向上，涵盖了学前教育、小学、中学、大学等各级教育的管理；在水平方向上，它覆盖了普通教育、成人教育、职业教育、学校教育、社会教育以及正规教育和非正式教育的各个领域。要满足终身教育的要求，就必须让各个层面、各个领域的教育相互协调配合并形成融合，这样就能够构建出交互式的管理架构。

每个国民都需要接受终身教育，这是国家赋予的权利。政府会同步推出多种教育制度促进终身教育的发展，教育管理制度也是保障终身教育实现的重要前提。教育管理部门推出了法律、法规等制度内容，可以有效地指导教育机构开展全民学习活动。

（二）建立网络化学习环境

教育信息化为终身教育提供了极为有利的环境，使终身教育从理想变成了现实。终身教育所追求的目标是"人人学习、事事学习、时时学习、处处学习"，这样的学习，只有在信息化、网络化的条件下，才能真正实现。通过网络及其管理，学生可以自主确定学习内容，设计学习过程，选择学习方法，师生之间可以摆脱限制，实现更好的教学互动。

为了使学生适应终身化学习的需要，学校要通过信息技术教育，在学生掌握信息技术教育知识和技能的基础上，促使他们将信息技术教育与德、智、体、美、劳等教育相互融合。

在全面发展的同时，培养学生通过网络进行学习的能力，包括通过网络获取、储存、处理、发布和交流信息的能力，适应网络技术发展使技术升级的能力，在纷繁复杂的网络信息面前区分良莠、是非的判断能力，根据社会标准自觉遵守网络道德的能力。学校管理要有利于学生上网学习，要引导学生正确处理传统课堂学习与现代上网学习的关系。一方面要防止学生因迷恋网络信息而影响正常课堂学习；另一方面也要避免用加重课外负担的方式来阻止学生上网学习。学生上网学习是一种教育、教学进步的趋势，应当积极引导学生学习和参与，要将他们去网吧玩游戏的积极性转化为上网学习的积极性。学校要通过组织各种生动活泼的活动，吸引学生参加网上学习，通过查询学习资料、研究学习问题、交流学习经验、发布学习成绩等方式，激发学生的学习兴趣，培养他们终身学习的能力。

第三节　教育管理现代化的理性思考

教师和学生构成了教育管理工作的两大主体，我们在以"学生"为本的同时，还必须提倡以"教师"为本，首先要注重师德建设，每一名教师都应该做到自重、自爱、自律、自尊，不断提高自身的能力和素养。其次要关爱教师，教师担负着培育人才的伟大职责，因此教师应该受到全社会的关爱，有关部门应该尽力为教师解决后顾之忧，给广大教师营造一个良好的工作环境。另外，学校是育人的场所，学校的风气对学生有很大的影响，因此必须要重视学风的建设，广大教师应该严谨笃学、淡泊名利、认真负责，让积极、严禁的学风萦绕着整个校园，陶冶学生的身心。如果一个学校内没有好的风气，那么势必会对学生的身心产生负面影响。

一、向外国学习

经济全球化趋势已经成为主流，这种变化对经济发展带来了深远的影响，世界各国的经济运行模式发生了重大的转变，不仅如此，对教育、科技、文化、政治等领域都带来了冲击。

在成为世贸组织成员方之后，我国政府加强了与世界各国的交往，国内国外的经济交往活动也更加频繁，而教育改革的思想也开始传入国内，学校管理思路、方式及理念也开始受到国外思想的影响。以教育管理为研究视角，仍然有很多值得我们深思的问题，如何学习国外的先进管理经验，是当前最需要解决的问题。

国外的教育管理思想数量、类型众多，我国的理论界要从中选择适合国内实际情况的加以研究，一方面对思想的变化、先进程度等进行甄别，另一方面对国外教育思想的理论以及实践成果进行检验，吸取其中的经验以及教训。

1990 年国外的经济、文化以及政治局面发生了重大转变，管理学界的理论以及思想也有了升级。通过对其经营理念的比较，可以更好地理解这一转变。在管理科学的对象方面，原先以为管理是以科学为基础，以揭示管理规律为目标，严格依照该规律所确定的原则来进行管理。而现代化的管理思想既要以科学为基础，又要思考艺术及创新的部分，学校管理有着较高的技术性门槛。因此，在对学校管理者展开培训时，一定要关注管理技术的课程。

在管理的目的导向方面，原先以为管理的客体是企业，企业管理的目的是实现企业的发展目标。目前人们普遍认为，无论是企业还是组织，都要制定出同一种目标，而这种目标也体现出了理想色彩。另外，个人的目标又具有多样性、可操作性强等特点，因此，管理的方向应该放在协调个人与组织的目标之间的关系上。

随着人们对于管理架构的认知逐步加深，管理的组织架构经过了层层划分。近几年比较流行的是扁平化的组织架构，要求工作人员具备多项技能，并按照终身学习的模式构建出学习型组织，这样做的目的是提升管理的效率，促进信息及人员的流通，这种管理模式也被称作组织重构[①]。扁平化管理思想继承了前人的管理经验并进行了创造，可以看作西方管理学思想的进步体现。

在经营决策方面，原先的观点是做决定要一丝不苟地遵守规则，做决定的过程是一个纯粹的、公正的、不带任何主观色彩的过程。而进入现代社会后，管理活动被人们看作一个由科学法则与价值观念交织而成的活动。实际上管理的流程会受到各种因素的影响，比如决策期间人们的心理状态、外部的环境、压力、文化背景、经验、价值观等。在某种情况下，最终的决定常常是各种利益集团博弈和协调的结果。

在学校的管理过程中，"民主化"一直是人们所鼓吹的，就连老师为学生做个人思想工作都被看作对学生人权的侵犯。其后果就是课堂秩序混乱，没有纪律的约束会导致教室内的暴力事件发生。近几年，有学者提出了"民主并非绝对"的观点，即"民主"与"权威性"之间常有冲突，应将"民主"与"领导性"有机地结合起来。例如，美国在教育管理方面，就要求教师和学生承认当国家利益被侵犯时，个人不能自由的三项基本原则，通过这些措施加强纪律，这一转变，同时也折射出西方经营理念的一个新的发展方向。

我国以往的教育管理理论大多是借鉴国外的管理理念，而这些理念在我国的教育管理实践中起到了很大的作用。这其中也包括了一部分较好的观点，但我们缺少对当今国外经营理念发展与改变的深入了解。在使用某种管理理念期间，并没有对管理理念进行深入的探究，缺少整体的系统化认知，没有吸取经验及教训，这样在应用到教育管理领域时就导致了多种问题。对国外的管理理念，哪怕是国际上最好的，我们都应该认真仔细地加以研究和分析。

---

① 冯刚，彭庆红，佘双好，等.新时代高校思想政治教育学原理［M］.北京：人民出版社，2021.

国内教育管理理论界从国外吸收了大量的先进管理思想，其中有三种类型，一种是在 1920 年出现的泰勒科学管理，另一种是 1930 年到 1950 年比较成熟的行为科学，还有一种是在 1970 年出现的"管理学森林"。以上三种类型的管理思想美国应用得较多，产生的经验相对丰富。1920 年当时的美国社会正在推行工业化，企业因其为国家做出了巨大的贡献而倍感骄傲。但是，社会大众认为教育属于纯粹的消费行业，这种偏见影响了教育管理的思想。泰勒的科学化管理学思想已经被教育界学者所接受，学生普遍认为教育可以为社会创造价值。美国政府对教育的宏观管理，尤其是对教育的统计分析以及对教育投资所产生的社会效应的实证，都显示出其对教育的积极影响。根据这一结果，美国政府在教育上追加了众多投资，丰富了教育发展成果，对加快教育的发展具有积极的意义。但是，将其应用于学校经营的微观层面未见成效。在他们看来，教师的创造性劳动成果是无法替代的，在教育方面行为科学的应用较多，因此有必要重视教育管理中的情感因素。然而，在美国，对情绪的过度强调，导致了制度、纪律的弱化，从而降低了教育的品质。对感情和人格的过分重视，存在一定的负面影响，比如这种管理思想包含目标、过程、质量等管理因素，因此也被叫作"管理学森林"。1980 年，管理学思想在企业管理上取得了较好的成就，教育学界开始关注以上管理思想的应用，并邀请了部分优秀企业管理人员前往学校担任校长，却没有得到预期的效果，因此得出结论：管理存在着本质上的差异，物和人属于两种不同的管理范畴。

二、发扬本国优良传统

经过长期的研究，人们发现，国内的教育本身就存在着大量的经验以及传统，针对教育管理展开研究应依托于这些经验以及传统。

国内的教育部门进行了大量的教育改革，但效果并不明显。实际上改革活动应吸取之前的经验与教训，尤其是我国的学生人数众多，进行教育改革与创新要总结以前的良好经验并进行论证和试点，只有这样，才能提升改革的成功概率。

中国传统的教育管理实践经验是非常丰富的。教育管理研究一定要把总结中国传统的成功的教育管理经验放到最重要的位置。国外在教育改革的过程中，非常重视对我国中小学办学思想的研究，如中国和谐的家庭教育、科学严格的班级管理、规范的制度教学、刻苦的求学精神、严格的考试考查制度等，都是外国学者认真研究的内容。拿基础教育来说，美国近些年基础教育的教学改革，正在实施几条最重要的措施：第一，编制全国统一的课程标准和州一级的通用教材；第二，取消免试升级、升学制度，逐步实行严格的升级、升学考试制度；第三，实行州一级的统考和学校考试质量评估制度，把评估的结果，作为国家对学校拨款多少的依据；第四，国家拨专款，则是为双职工和单亲子女节假期补课设立的制度；第五，实行"家长择校，学校问责"制度，强化社会和家长对学校管理的监督。不难看出，这些做法主要学习的是我国的经验。但是，美国在学习别国的同时，并没有丢掉自己注重培养学生个性、重视实践能力和让学生主动发展的优良教育传统。相反，越是强调国际化，他们越重视本国教育的优良传统。因此，我国进行教育改革时，一方面，要认真学习外国的优秀思想和经验，并将其融合于我国教育的优良传统之中；另一方面，教育改革不能以否定本国教育优良传统为出发点。我们的许多思想，如教学为主、依靠教师、全面发展、因材施教、重视德育、强调基础知识和技能、严格考试考评等，不应被轻易放弃。教育改革要建立在发扬本国成功经验的基础上，同时要改正确实存在的弊端。

三、正确处理我国教育管理研究中理论与实践的关系

理论与实践的关系研究应结合国内的教育管理趋势，只有围绕着基本的发展趋势展开探究才能理解理论及实践存在的关联状态。最早的教育管理研究是对管理经验的总结，并且从企业管理的领域当中进行借鉴，后来研究方向逐步过渡到深层次的理论及实践的结合。

人们将理论与实践的关系看作直通关系，这是学校教育管理表现出的外在形式，比如有些管理学家认为使用了先进的管理理念和理论，可以对教育管理实践活动进行直接指导。过度依赖理论的学者认为只要将先进的管理观念应用在教育界就能实现教育的目标，而重视实践的学者认为，只有通过实践活动，管理者才能够积攒经验实现教育目标。从客观的角度来看，教育管理者既要有丰富的理论知识，同时也要进行大量的实践，只有将二者结合起来才能达到最真实的效果。

在研究上需要将重点放在理论和实践的结合点部位，在管理期间产生的经验，假如没有认真总结就无法形成理论。对于经验的总结必须是长期的持续的，既要总结历史经验教训，同时又要分析最新的国外理论，开展大量的教育管理试验，只有这样，才有助于转变管理的理念。

对于教育管理的发展特征进行总结，应结合理论和实践的视角，将理论作为研究的指导方向并总结管理的经验以及教训，丰富教育管理的相关理论。

第二章　高等教育管理

党的二十大报告提出了加快建设教育强国的战略目标和加快建设高质量教育体系的具体要求。高等教育是我国教育体系的重要组成部分，以高质量教育体系支撑教育强国建设，是新时代中国高等教育的使命任务。打造高质量教育体系，推进高等教育发展，是新时代新征程加快建设教育强国、顺应广大人民群众对高等教育美好期待的基础工程和重要途径。勇担高等教育新使命，踏上高等教育发展新征程，需要构建高质量的思政工作体系、学科建设体系、人才培养体系、师资建设体系和治理体系，从而为全面建设社会主义现代化国家、全面推进中华民族伟大复兴贡献高等教育力量。

第一节　高等教育管理概述

在经济全球化时代背景下，高等教育面临的机遇和挑战都相当多，高等教育管理过程中所应用的管理模式、管理理念以及相应的管理体制和制度等都会受到经济全球化环境的影响。在此基础上来研究中国高等教育管理的困境和相对应的出路，有利于促进高等教育体制的进一步完善和高校的发展。

一、高等教育管理体制的含义

（一）高等教育管理体制的概念

教育管理制度包括的内容相对较多，如机构设置、权限划分以及上下层级的关系归属等，这些内容和与教育管理相关的制度方式和方法等共同组成了高等教育管理体制。管理体制和当时的社会发展制度存在着较大的联系，教育管理体制是上层建筑部分，反映出了当前阶段的社会生产力发展状况，因此，高等教育管理体制同样归属于国家的制度管理。高等教育逐步发展，而教育管理体制也在同步产生变化。其中的组织架构涵盖了三个层面，分别是高层、中层以及基层。高层以及中层管理也被人们看作宏观管理，而基层管理则被称为微观管理部分，属于学校内部的管理。

目前的政治制度、国家管理形式、生产资料制度、民族文化等因素是影响高等教育体制结构的重要因素，每个国家都有着独特的高等教育体制，根据世界通用的划分模式主要有三种类型：①中央集权式的高等教育制度结构。在这种管理模式下各项管理事务由国家统一安排，最高的决策层是中央政府，综合推出管理的法律法规，并运用行政手段管理高校教育机构。②高校权力下放的分权制度架构。这种管理方式不以中央政府为中心，各地方政府部门以及相关的利益组织机构履行高校教育决策职能。③混合办学模式。它是指中央与地方对高等教育的发展负有共同的职责，并对其进行统一的管理。

（二）高等教育管理体制的形式

进入现代化教育时代，高校教育管理有以下几种类型的形式。

1. 高等教育领导体制

教育的领导权力以及配置方式等是领导体制的核心组成部分，进一步可以细分成教育行政领导管理体制以及高校内部的领导管理体制。高等教育行政领导管理体制指引高等教育发展的大方向，可以解决高等教育的领导权力以及运作方式等方面的问题，规范了党、政府以及教育机构之间的定位。其中基础部分为高等院校的内部领导管理体制，在面对教育机构的执行方、学术行政权力划分、党政内部管理以及运作等方面问题时能够进行协调处置。

国内的教育领导制度经过 70 多年的发展，逐步形成了现代化的高等教育领导管理制度，早期的国内政治体制有高度集中的特点，后来经过市场经济体制的改革又出现了新的变化，总体来看，管理思想受到我国传统政治理论文化的影响，既有高度集权的一面，又有党政不分、学术权力衰竭等外在表现，这种情况导致国内高等教育体制改革存在着较高的难度。

通过市场经济制度的改革，社会上的利益主体变得更加独立，学校、政府以及社会等都有着各自的利益，在职责利益的划分上都会偏向于个体。高等教育领导体制的建设以及优化措施需要从多个方面入手，政府要强化对教育的领导以及分级管理，一方面促使学校能够自主管理，享有自主办学的权利，另一方面也应关注社会政治的变化及时给予调整，如使用立法手段、财政调拨等手段间接调整高等教育的管理格局，政府可以将经济手段作为常用方式，行政手段则可以当作辅助，只有这样，高等院校才会根据市场的变化做出正确的决定。

2. 高等教育投资体制

我国多种经济成分共同存在的局面对我国高等教育投资制度提出了更高的要求。在办学主体方面，我国的高等教育已经由单一的国家主导走向了国家、社会、个人等多主体共同参与的道路。高校已经成了一个具有财务管理自主权的独立法人。在投资来源上，财政拨款、学费、科研所得、社会报酬、学校产业收益、企业与个人投资、国内外捐赠等多种方式同步存在，这些都是我国教育投资的重要形式。

3. 高等教育教学体制

高等院校的专业及课程设置是与市场经济制度存在密切关联的部分，比如运用了计划经济制度之后，高校的课程设置往往是统一且固定的，这种课程设置无法为社会发展提供丰富的人才种类，而社会发展进入了市场经济时期，高等教育的教学管理以及教育管理制度有了重大变化，一方面政府给予宏观调控，另一方面鼓励学校进行自主办学，而学生可以自主选择课程内容，社会力量也在积极参与。

4. 高等学校内部管理体制

在市场经济的要求之下，高等院校的内部管理制度应提升管理的效率，由于市场上存在着激烈的竞争，高等院校的办学规划必须进行创新和突破，不能继续沿用计划经济制度时期的平均主义思想，要求各部门积极发挥出主观能动性，并合理利用学校能掌握的资源，按照优胜劣汰的标准对各部门进行整合。高校应兼顾部门、个人以及学校的各方利益，形成稳定的内部运作管理制度。

二、科学设置高等教育管理体制的原则

设计高等教育管理制度必须确保科学性，这样才能够实现高效优质的高等教育，在制定体制期间，需要遵循以下原则。

①兼收并蓄。国内教育部门设置的教育机构，结合了我国高等教育的发展需求，并逐渐进行优化和调整，最终形成了现有的高等教育管理体系。与此同时，苏联、美国、欧洲部分国家和地区的高等教育管理模式也是我国借鉴的对象，但经过本土化调整逐步形成了具备我国特色的管理体系。

②分工明确又互相协调。在分工层面上有两种分工特点，首先是每个层级的管理都有各自的职责分工，其次是指同级别内部的管理，部门之间需制定出严格的分工，层级管理部门以及部门内部同样要进行协调配合。

③宏观控制与微观搞活相结合。管理层级与管制范围要明确，管理机构以及管理部门应明确部门内部的职责，比如上级部门对下级部门实施管理，具体的管理程度以及管理范围应明确下来。对控制管理的程度以及管理的层次进行严格的划分是开展宏观及微观管理活动的前提条件，也是组织结构设计的理论基础。

④民主与科学相统一。高校在快速发展过程当中，由于自身发展的需要，常常会建立起对应的行政管理机构。按照高等教育管理的理论以及相关原则，采取科学的管理方式，但有的机构出现了功能交叉的问题，此时就需要按照民主和科学统一的原则进行调整，将现有机构合并到一起。

⑤精简机构，提高效益。为了实现最好的管理，机构的设置上一定要避免因人设置岗位，而是要根据机构部门的特点合理设置岗位，部门内部的岗位不能出现重复交叉的现象。只有坚持这项原则，机构运行才能提高效率。

三、高等教育管理体制的制约因素

国家制定的高等教育管理制度应匹配当前国家的政治、经济、科技发展趋势，这是由于高等教育和社会环境有着密切的联系，社会环境会制约高等教育的管理模式，而高等教育需要服务于社会的政治、经济、文化等领域。经济是社会发展的重要基础，因此会对上层建筑产生直接影响。这就要求制定管理制度，必须考虑到当前社会的经济发展状况。

高等教育的改革与调整，也会受到上层建筑的制约，因此应随着社会背景的发展变化调整高等教育的管理制度。

（一）高等教育管理体制在很大程度上受经济体制的制约

社会发展和高等教育之间有着广泛的联系，比如高等院校想要顺利地办学，需要社会提供大量的资源。高等院校经过培养产生的大量优质人才，能够推动社会科技的进步，从而产生良好的经济价值。经济制度决定着高等教育的管理体制，如今我国进入了社会主义市场经济阶段，高等教育的办学目标以及培养方向也应及时做出调整，这是受到市场发展的影响而需做出的改变。

（二）政治体制对高等教育管理体制也有重要的决定作用

高等教育产生的文化意识形态反映出了当前社会的政治发展面貌。高等教育管理制度要与政治体制改革相匹配适应，在计划经济时代高等教育管理相对来说过于死板，这是因为受到了政治体制的集权特点影响。在政府的行政管理过程当中，如何将行政权力合理地划分给各部门，针对高等院校实施合理的管理，是行政管理制度始终无法彻底解决的问题。比如将学校看作行政机关单位采取行政化的管理，高等院校属于政府的管理对象，政府与学校之间的权利和责任归属划分并没有明确下来。从地位上来看，高等院校不具备独立的法人地位，因此政治体制的改革也应扩展到高等教育的管理体制改革当中，增加学校的办学自主权，从法律上明确高等院校的法人地位。在管理上应处置好中央以及地方之间的归属关系，这些都需要通过政治体制的改革来实现，国外实行的是市场经济制度，但是高等教育的管理制度与我国的区别非常大。美国采取的是地方分权管理制度，因此州政府是管理高等院校的最高机构，每个学校具备的办学自主权较大，联邦政府不能对高等院校进行直接管辖。法国则采取的是中央集权管理制度，双方的政治体制差异决定了双方高等院校的管理模式。

（三）科技体制对高等教育体制有重大影响

在社会发展进步的过程当中，高等院校发挥着重要的职能，为社会发展研发出了大量的先进技术，并培养出了大批优秀的科研人才。中央政府对科技领域进行制度的改革会形成新型的技术信息市场，并且倡导进行充分的技术竞争，采用了公开招标的方式，要求重点高校承担科研任务等，这些都会影响高校的职能。

综上，高等院校的教育管理制度和国家的政治、经济、科技制度都存在着显著的关联，这些因素会对教育管理体制带来深远的影响。

第二节　国外的高等教育管理

高等教育的管理体制，一般说来是与世界各国的国家管理体制相一致的。它是各国的政治、历史、社会、文化传统等多种因素共同作用的结果，是经过长期深化而逐步固定下来的。世界大多数国家目前的高等教育管理体制结构主要有三种类型：中央集权制、地方分权制和混合制。就美、法、英、日、德、俄等国来讲，美国属于地方分权制，法国属于中央集权制，英国、日本、德国、俄罗斯则属于介于这两种类型之间的混合制。

一、美国的高等教育管理体制

在美国采用的是地方分权管理体制，因此宪法并未明确地规定联邦政府有权干涉教育，从法律层面上来看，州政府具备管理高等教育的权限。美国的联邦政府有教育管理部门，但只局限于咨询和指导，无法进行直接管理以及给出决策。联邦政府之下的教育管理部门可以收集教育情报信息，指导该领域的投资。一般情况下通过两种方式来进行管理，首先是出台教育法规，其次是筛选投资的关键领域。政府的管理政策会逐步与高等教育相关联，从而实现间接掌控。除了联邦政府的教育管理部门，其他政府机构同样为当地的高等院校带来了多种多样的服务，尤其是各地的州政府在高等教育管理上推出了多项行政管理措施。州政府的高等教育管理委员会有两大权力，首先是对高校的建设提供标准的规章制度，其次是为学校的新建活动提供审批许可。比如，当地想要新增私立院校。州政府要进行审核，并对院校的董事会成员以及选举方式进行确认。各地的教育经费需要州政府给予拨款支持，而私人性质的院校，则需要私人集团给予扶持，从这一点能够看出，美国的公立及私立院校办学自主权普遍较高。联邦政府出台的法律要求，政府官员不能控制教育资料的具体内容，不具备监督及控制的权限，州政府在立法、拨款、人事、财政等方面虽然具备一定的权利，但是高等院校内部的管理事务则无权接触。

美国政府的国家管理制度决定了美国采用的是高等教育分权制度，地方教育行政部门则承担了主要的管理职能，美国的政治经济以及历史传统是影响管理制度的关键性因素，作为联邦政府对于全国的高等教育缺乏控制权，各州政府和院校拥有较多的办学自主权，能发挥出积极性。然而运用这种管理方式有利也有弊，比如分散的管理体制会影响教育工作的长期规划，面对教育市场的变化，院校难以做出及时的应对。1950年底，高等教育发展速度提升，美国联邦政府提出了多项干预措施，而州政府也开始注重高等教育的监管。

美国联邦政府在1965年推出了《高等教育法》，其中规定联邦政府可以直接干预高等教育。随后政府出台了多项法案，对高等教育进行了调控，意味着联邦政府可以合法地管理高等教育，1979年美国联邦政府设置了联邦教育部，该部门独立于其他机构对全国的高等教育进行监管，并具备了执行教育法规的权利，各地的高等教育补贴均由该部门统一分配，这意味着美国的高等教育管理权力开始由地方集中到中央。

二、法国的高等教育管理体制

在法国，高等教育管理深受政治制度的影响，中央政府对高等教育有着最终的决定权。包括政府直接对高等教育的活动进行监管，并分配各项教育资源，其中国民教育部是管理法国高等教育事业的重要权力部门，比如制定管理政策，对学校的专业进行审批,分配教育经费,决定招生专业及人员数量,审核人事安排等。法国的大学区是中央政府国民教育部下属机构,教育部长可以提名学区总长,最终由总统任命,该岗位是直接管理大学的重要职位。国家承担了学校的教育经费,并且法国政府制定出的经济发展规划涵盖了高等教育领域。法国虽然运用的是市场经济制度,但是高等教育体制管理上仍然采用的是中央集权制度,这是因为受到了政治制度的影响。在封建社会,法国的中央政权高度集中,1789年法国爆发大革命,资产阶级开始管理政府,但依然运用了中央集权的管理方案。拿破仑上台之后将中央集权制度发挥到了极致,1958年戴高乐成立了第五共和国,将总统的权力扩大化,确定了中央政府的管辖权。戴高乐提到过法国想要实现统一,必须沿用高度集中的集权制度。在教育管理体制上,依然采用了高度集中的中央集权管理模式,但经过一段时间的发展,社会群众对这种管理模式产生了怀疑,特别是1968年法国民众爆发了抗议活动,政府被迫制定了《高等教育政策指导法》,高等教育再次进入改革阶段,高校从而得到了自治民主权利,一部分大学已经掌握了办学的自主权,但依然需要受到政府的领导以及监督。1980年后,法国社会党将教育的自主权进一步扩大,于1982年提出了《关于权力下放的法令》。1986年右翼政府上台后提出政府应尽可能减少对高等教育的干涉,在1989年出台了教育发展的规划,要求弱化中央政府的集权领导力度,以提升学校的自主权。

三、英国的高等教育管理体制

在英国,大学具有自我管理的历史。英国政府设立了科学教育部,它的职能是制定全国的教育方针,并不对大学进行直接的管理。英国的高等教育制度中,最重要的一项制度就是建立了专门负责协调政府与高校间关系的"大学资助委员会"。该委员会是一个非正式的组织,它仅就大学的财务需求发表看法,然后把国会批准的、由政府资助的基金分配到各个学校。经过不断的发展与完善,该委员会的功能扩展到协助制定并实施各个高校的发展计划,促进高等教育的发展符合国家的需求。1980年,英国政府在高等教育等方面进行了强化控制。比如在1985年3月份,英国政府递交给议会关于高等教育发展规划的绿皮书。1987年再次递交了迎接未来教育挑战的白皮书,这体现出了政府非常关注高等教育的改革活动。1988年英国政府正式推出了教育改革法案,这就要求中央政府对高等教育的职能进行改革,1989年设置了"大学基金委员会",替代了大学资助委员会。大学基金委员会的成员由高等院校工商界人士组成。通过该组织,英国政府可以控制高等教育并且没有进行直接干预,同时也让大学具备了一定的自治权。

四、德国的高等教育管理体制

德国的高等教育管理制度经过了多次变迁，在"二战"以前运用的是中央集权管理制度，战争结束之后，美国对德国高等教育管理体制的影响波多，开始转化成分权管理制度。德国的管理模式与美国非常类似，德国各州政府在高等教育决策及管理方面占据了非常大的主导权。从法律上来看，联邦政府没有直接管理高等院校的权利，这种管理模式不同于美国，其原因在于：德国的教育整体计划仍然是由联邦政府来制定，部分教育行政职能由联邦教育与科学部门与各州教育部分担，其独立性不如美国各州那么强；德国的高校同欧洲多数国家的高校相同，在国内没有什么竞争，教师被归入了国家公务员队伍，州政府以及国家的资助是教育经费的主要来源，而美国则依靠市场竞争制度，通过市场体系来获取经费。国家向高等教育拨付的经费，也是以市场为导向的。因此德国的分权制度在本质上与美国的制度有着较多的区别，可以看到是集中和分散并存的制度。

第三节　我国的高等教育管理

从整体角度实行划分，高等教育管理体制可以划分成宏观管理以及微观管理，宏观管理体制是中央以及地方政府出台的高等教育管理制度，而微观管理体制是指学校内部的管理。

一、高等院校在国家宏观指导下，面向社会自主办学的权利

高等院校发展的规律显示，学校应具备自主办学的权利，这样才能够确保高等院校实现自主发展。掌握了自主办学的权利，学校可以主动与科研、生产、社会等领域进行沟通，以满足经济社会发展的需求，有利于增强学校的活力，为提升教育品质以及教育效益带来更多积极意义。在掌握办学自主权之后，学校可以避免其他不良因素的干扰，激发出教师及学生的主体意识，按照人才培养的客观规律优化课程内容及教学方法。从学生的学习角度来看，能够让学生提升解决问题的能力并激发出学生的创造力，同时这也是学生实现个性化成长的前提条件。

政府将自主办学的权力赋予学校之后，学校应做好内部的统筹规划，明确各部门的职责，将培养优秀的人才作为工作的重心。学校设置的科学研究项目，应以社会的需求为前提，综合以上因素，确保教学质量符合国家标准。高等院校应转变教学理念，不能只服务于上级主管部门，同时也要敢于直面社会以及市场的

发展变化，发挥出带动经济增长的作用，强化社会服务意识，这样的教育活动才能产生真正的价值。

高等院校有了自主办学的权利，并不意味着可以滥用权力，社会大众需要对高等院校的发展进行监督。假如学校的发展宗旨背离了社会的需求，没有结合社会的发展节奏，这种情况下的自主办学权会影响高等院校的持续性发展。发展以及约束是相辅相成的。在某种条件下，发展是为了达到某种目标，而约束则是限制性条件，确保发展方向不能偏离原有的目标。高等院校的发展以及约束是客观存在的，最终的目标是为社会输送优质的人才。因此构建出完整的高校自我发展机制以及约束管理制度，是开展自主办学的重要条件。

西方国家应用的是纯粹的市场经济制度，这些国家在高效管理方面使用了社会参与的制度，高等院校的职责是培养人才并推动科学研究活动，为社会发展带来多样化的服务。而我国政府也提倡使用宏观调控来弥补市场调配机制的弊端，因此社会参与是开展高等教育管理的一部分。

国内现有的高等教育管理制度带有中央集权色彩，在组织管理模式上，中央政府下属的教育部门是管理高等教育的主体机构，与此同时配备了教育行政管理机构对各地区的高等教育管理进行调控。在组织机构的带领下，各类高校可以将资源整合起来，确保各院校能够发挥出教育职能，这形成了具有我国特色的高等教育管理体系。

各地方政府的教育厅是负责高等院校地方管理的管理机构，教育厅协调区域内的高等院校关系，上级部门发布的行政指令也是通过教育厅来落实的，与此同时教育厅还需要协调高校以及其他社会系统的关系，因此高等教育的体系带有浓厚的行政管理特征。

进入了现代化的社会，高等教育产生的价值逐步增加，政府对于高等教育进行了强化控制，这是为了确保国家实现稳定的发展。比如，高校制定出的人才培养方案以及组织的科研活动，要服务于国家的长远建设活动，政府在此期间也会进行统筹安排，采用行政管理方式对高等教育进行管理。

国家推行高等教育，一方面是为了培养大量的优质人才，另一方面是为了满足个人的成长发展需求。比如，接受高等教育的对象大多数都具备很强的主观能动性，而教育活动也是为了满足受教育对象的身心成长需求。高等教育主要的工作职能是传授知识，属于精神层面上的生产活动。经过高等教育的培养，人们不仅具备了基础的劳动能力，同时思想文化素质得到了升华，在社会文化发展方面还能够参与到精神文化建设中。市场经济的发展规律不会对意识形态产生影响，所以即使已经进入了社会主义市场经济发展阶段，高等院校的教育工作也不能够完全按照市场化标准开展。有的环节会根据市场规律进行调节，但大多数高等教育工作依然要运用计划经济的管理方式，政府的管理以及调节是非常有必要的，比如在统筹规划政府教育拨款等方面，当地政府要采取行政方式给予监管。

二、政府对高等教育宏观管理的主要任务

第一，制定高等教育方针政策、法律法规，规定教育制度，掌握高等教育的政治方向。这是保证一个国家高等教育的性质所必需的。

第二，制定高等教育的发展战略，确定各时期的发展目标和战略重点，做出全面规划。

第三，掌握高等教育的总体发展规模、速度，根据国民经济和社会发展的需要，协调高等教育的层次、办学形式、结构和地区布局。

第四，保证高等教育经费，使政府教育拨款的增长高于财政经常性收入的增长，并使在校学生人均教育费用逐步增长，保证教师工资和学生人均公用经费逐步增长，以确保教育事业的优先发展，并运用拨款引导高等教育的健康发展。

第五，提供信息服务，组织社会评估，总结交流经验，引导高等教育高速地发展。

第六，完善思想政治工作体系。

第七，加快建设有中国特色、世界一流的大学和优势学科。

三、政府对高等教育管理的主要手段

（一）政策指导

对于高等教育的管理，政府往往会制定出教育管理的政策，这体现出了国家的管理意志。为了推动高等教育的正常发展，政府会制定出大量的高等教育管理政策，而这些政策是高等教育实践发展的指导性方针。制定出的政策内容一定要符合可行性原则，要能得到落实，假如政策方针脱离实际无法落到实处，这样的政策起不到应有的指导作用，同时也会导致政策制定机构的名誉受损。政府在制定高等教育相关政策之前要确保政策的正确性，并且要向群众讲解政策的内容，这样群众才会更好地接受政策。

（二）教育立法

立法活动对于高等教育的管理效果非常显著，政府制定出与高等教育相关的法律法规体现出了政府对高等教育事业的管理。在教育领域进行立法是指我国的

立法机关根据法律法规的政策制定并修改与教育相关的规章制度，高等教育的立法活动是国内教育立法的一部分，通过立法形式，将与高等教育有关的政策用法律方式明确下来，这体现出了政府的教育方针。更重要的是教育立法活动可以确立高等教育的任务以及目标，并对内部的组织关系进行协调，确保了教育活动可以顺利进行。

（三）财政拨款

发展高等教育对于资源的消耗非常大，需要从外部引进大量的资源投入高等教育领域，才能够确保高等教育持续发展。一般情况下，高等教育的投资来源由政府、企事业单位及个人，而政府的拨款是最为重要的部分。随着社会经济的发展，政府的财政压力在不断增加，但是在高等教育方面依然保持了较高的投入，这也是在世界教育强国常见的做法。政府是高等教育投资的重要主体，正是由于政府的大量投资高等教育要首先回报政府，并服务于国家的发展。国家投入了大量的资源用于高等教育的管理，假如高校消耗的资源过多同时又忽略自身的内部管控，就会导致高等教育出现问题，因此政府的介入是必然的。

（四）协调关系

在社会大分工的背景之下，不同的行业以及岗位分工都出现了巨大的差异，这引发了人们的利益矛盾以及纠葛。政府通过制定政策可以维护多数人的利益，实现整体上统筹解决社会上存在的利益矛盾，这对于社会的稳定发展有着重要的意义。对于关系的协调，从本质上来看是对利益进行协调。国外学者提出，社会的价值需要由公共政策来决定，高等教育系统相对复杂，制定出的管理体制与多方利益相关，比如当地政府、中央政府以及高等院校之间都存在着复杂的利益关联，而部门内部也涉及管理权限的分配。比如，从工作内容角度来看，有负责教学工作的，有负责科研工作的。从人员划分角度来看，有教师也有行政管理人员及学生。政府制定出明确的制度，对各方关系进行协调，这是高等教育正常发展的基础。

（五）教育评估

对于教育进行有效的管理，评估是必不可少的方式，在教育系统内收集教育活动的相关信息，并且对教育目标的完成度进行评价，教育评估涵盖的内容相对较多，比如评估对象、学校的课程设置、研究活动、办学水平、教学质量等。选择的评估依据是制定出的教育目标，分析目标的完成状况，进行客观的评价。通过教育的评估活动，帮助高等院校提升教育的整体品质，在教育的改革等层面上，政府建立起了高等教育的评估管理体系，是政府开展宏观调控的主要工具。

第四节　我国高等教育管理体制的调整与完善

政府制定教育管理制度，应结合本国的发展现状，同时还要关联社会经济制度以及人口特点等因素，以确保双方的匹配性。

对我国目前的基本国情进行衡量，结合国内的发展现状，制定出高等教育的管理制度。必须认识到，与我国社会主义国家性质对应的是民主集中管理制度，这一点和国外的分权联邦制有着非常大的差异。正是因为这种特征，我国的高等教育方针、内容、规模等都受到了政府的宏观调控影响。我国人口数量超过了14亿，国土面积非常广阔，存在着区域经济发展不平衡的现象。在农村地区和城市地区，甚至是在不同的民族地区，经济发展的情形都千差万别。中央政府进行统一的管理很难兼顾到各地方的实际状况，有必要结合我国的具体国情制定出合理的高等教育管理制度，在强化中央管理以及地方管理等方面寻找到平衡点。给予学校一定的自主办学权，但要将分权以及集权融合起来，在全面规划的同时结合学校的发展现状，按照这样的思路提升当地政府以及高等院校的办学积极性。高等教育管理制度的改革应主动与社会经济发展相适应，建议政府转变工作职能，宏观调控工作是管理的重要方式，中央以及地方政府可建立起两级管理架构，在分析高等教育发展规律的同时，探索出适合我国现阶段发展状况的高等教育管理体系。

目前我国已经构建出了社会主义市场经济体制，但随着社会的发展，我国的行政管理制度也在推进改革，其中高等院校的宏观管理制度改革也是其中的一部分。通过宏观层面上的改革，提升我国的宏观教育管理质量，是现阶段我国政府在教育管理上应考虑的重要问题。

一、原有高等教育管理体制存在的主要问题

政府在 1985 年提出了《关于教育体制改革的决议》，要求高等教育的管理体制应进行宏观层面上的改革，确保高等院校的办学水平与经济社会发展相适应。[①] 政府提出的改革措施，虽然取得了一定的成果，然而从总体上来看，改革思路尚未成熟，依然是在准备阶段。分级分散管理制度依然占据了主流，在经济

① 牛国林，王记生，胡冰君. 高校管理创新实践研究［M］. 长春：吉林文史出版社，2022.

部门以及地方财政部门得到了广泛的应用，然而国内的市场经济制度已经成型，在经济管理方面政府制定出了多项新的策略。而原有的高等教育宏观管理制度已经无法适应社会的变化，应用分级分散的管理方式存在一些问题，这些问题体现在以下几个方面。

（一）条块分割，自成体系

办学过程当中使用封闭的办学方式影响了学校的专业水平，有的学校进行了课程的重复设置，从而导致浪费了学校的资源。中央政府以及地方政府对于学校的管理措施存在着重合，比如有的部门进行了自主办学，导致部门内部存在着条块分割现象，而这些机构也形成了大量的封闭体系，由于受到体系的限制各院校以及专业没有发挥出培育人的作用。有的部门为了实现部门内部的目标，设置了新的院校以及专业，将有限的资源分散到多个院校，导致学校的规模效益下降。

（二）管理无序

在宏观管理以及微观管理职能方面，存在着管理无序的现象，这是现阶段高等院校管理出现的普遍问题，首先混乱的管理导致教育部门过多地干涉学校的管理事务。近几年政府提出了教育管理宏观层面上的改革措施，但是并没有对管理职能进行优化。依然引用的是新中国成立初期政府的直接行政管理方式，国内高等教育主管部门负有直接管理的责任。虽然改革措施对于高等院校以及教育主管部门的关系进行了调节，但是在管理目的、管理方式上并未做出转变，教育主管部门的行政管理权限依然过高。其次，分权管理存在着混乱，中央以及地方在宏观层面上都有管理权限，但是并没有进行细致的划分导致权责不清。国内的公立高等院校主要是由中央以及地方政府进行管理，不同的管理主体其管理方向以及目标各不相同。比如中央政府的管理目标是服务于国家的经济发展，而地方的管理目标则是推动地方经济发展。

（三）专业大量重复设置

国内的院校有很多属于单科性院校，并且占据了过多的比例，这导致国内的高等教育结构以及分布并不合理，在早期阶段，我国实行的是高度集中的计划经济管理制度。中央部门下属的高等院校以及省级部门创办的高等院校，主要是服务于本行业以及本部门，体现出了单科性的特性，而这样的高等院校专业性较强，有的学校会根据产品的生产流程以及零部件的制作工艺设置独立的专业，这影响了专业的可扩展性，原本可以通用的专业只能服务于某个部门，而高校毕业生毕业之后择业也会受到专业的限制。

（四）缺乏生机和活力

在早期阶段，政府对于高等院校的管理过于死板，学校并没有掌握办学的自主权，并且只能为某个行业服务，教育管理的现状没有及时适应社会发展的变化需求，而教学内容以及办学方式也没有更新，所以高等教育的管理缺少生机以及活力。

传统的教育管理制度依然存在着条块分割的现象，如果缺少改革措施必然会对高等教育的管理带来阻碍。国内的高等教育要结合社会改革的步伐，并要满足市场经济发展的需求。在21世纪的背景下世界各国之间的竞争在不断加剧，而我国的经济建设活动对于高等教育的需求在快速增长，教育工作人员需要正视教育领域存在的挑战。高等教育管理体制要适应经济发展状况，并且在高等教育管理领域应进行深入改革。

二、建立适合我国国情的高等教育管理体制

改革期间要结合国内的高等教育管理制度应用现状，可以从以下几方面进行改革：赋予学校更多的办学自主权，对省级政府下放统筹决策的权利，积极邀请社会力量参与到高等教育管理体系中，一方面利用政府的宏观调控进行统筹规划，另一方面采取合作共建的方式联合管理。

（一）加强省级政府统筹决策，变"条块分割"为"条块结合"的新体制

我国早期采用的计划经济管理制度，导致了国内高等院校管理体制存在着较多的弊端，如条块分割的管理模式影响了高等教育的现代化管理。为了解决现阶段出现的问题，可以强化省级政府的自主决策管理权，这是由以下原因决定的：①为区域经济增长带来动力，在政治经济等领域进行深化改革，目的是利用区域内的优势，在带动经济发展的同时，转变高等教育发展的局面，为区域经济增长提供优质的人才。②政府对教育方面的投入在不断增长，需求也在转变。③提高高等院校的效益以及办学质量的需求。高等教育不同于传统的义务教育，其应对的是整个教育市场，而市场将会对资源实施调配，这就要求高等院校的办学活动应获得一定的经济效益。省政府在获得了统筹决策权之后，对区域内的高等院校实施统筹管理，防止出现低水平的重复建设，将区域内的高等教育资源充分挖掘

出来，实现教育资源最大化地利用。④这是各地方政府发展本地教育的需求。中央政府下放了高等教育的统筹决策权，各省级政府可根据国际高等教育的发展趋势调整当地的高等教育节奏。

考虑到国内的经济发展状况，省政府要重视统筹决策权的应用。我国的经济建设已经取得了一定的成就，各省市的政府机构开始关注高等院校的教育管理问题，这是为了更好地满足地方经济发展的需求。

改革开放后，中央政府采取了多项措施，强化了省政府的统筹规划能力。省政府的统筹办学权限相对较小，可以将以下权力下放：审批本地的高职院校创办行为，可根据当前区域内的高等教育发展状况制定出适当的招生计划，可以审核本区域内的高等院校硕士学位以及博士生导师数量。省政府获得了以上权利之后，以下几个方面将得到转变：地方政府制定出对应的高等院校管理法规，并给予财政支持，并制定自我监督管理制度。

（二）扩大高等学校依法办学自主权，建立学校自我发展和自我约束的机制

对高等院校的教育管理制度进行改革，需采取综合性的改革措施，只转变学校的投资及归属关系，是远远达不到效果的，要把转变政府职能当作改革的重点，扩大学校的办学自主权，并制定出高等院校自我发展及约束的管理制度。在以往时期，国内的高等院校办学，经历了权力下放以及权力收紧的政策，这种反复的政策变更导致高等院校蒙受了巨大的损失。这是由于政府并没有理清学校以及政府之间的归属关系，无论是权力下放还是权力回收，政府始终占据了主导位置，而学校只能依附于政府，因此高等院校的教育管理体制改革一定要从转变政府职能方面入手，扩大学校的办学自主权，促使学校根据当前社会经济的需求状况，构建出自我管理的制度，只有这样，才能激发出办学的活力。

充分地扩大高等院校的办学自主权，并形成符合市场经济制度的高等教育体系，对于我国的高等教育发展有重要的意义。通过市场机制的调节，高等院校可以当作生产人才资源的机构，但是在生产期间学校应具备一定的自主决策权限，比如生产功能的理论认为，学校和营利性的经济实体组织有一定的区别，企业属于营利组织，而学校属于非营利组织，因此学校所做出的决策以及战略规划是为了在市场上得以生存，并不是为了获得最多的利益。

为实现这些目标，学校可以从以下两点切入，首先，培养高校毕业生、组织科研活动并形成科研成果、为社会提供高质量的服务等，充分满足社会进步的

需求。其次，扩大资金来源渠道，比如政府的拨款、社会团体的资助、学生的学费，并且调整人力物力资源的支出，增加来源的同时做好费用的调配。从这些环节当中能够发现高等院校需掌握一定的自主决策权，这样的生产决策流程和传统的企业存在着不同之处。高等院校属于非营利性组织，各项生产活动的目的是提升学校的整体效益，因此无法单纯地用利润进行评价，需要考虑高等院校的管理成绩是否满足了国家、社会以及个人的需求。学校的办学自主权并不是无限扩大的，政府的宏观调控管理是前提条件。高等院校的教育职能在逐步地扩展，这对社会以及国家的发展有着重要的意义。提升了学校的办学自主权，学校就能够在教学以及学术交流等方面掌握一定的主动权，这有助于学校培养出优秀的大学生。

赋予高等院校办学自主权，同样还有一个重要目的，那就是凸显出当地办学的特色，只有使用多样化的办学方式，丰富高等教育的层次，优化内部的结构类型，才能为社会培养出优秀的综合性人才。

（三）重视社会参与，调动各方面办学和管理的积极性

重视社会参与，引导社会主体参与到高等教育的改革与发展之中来。

首先，作为当地政府不能大包大揽，大多数办学主体依然是政府，然而教育机构应具备一定的权力管理意识。教育不能和国家的主权相违背，应结合社会群众的需求提供高质量的公共服务。政府对教育的管理是行政行为，所以办学主体依然是政府。

其次，进入市场经济阶段，教育管理和现代化的企业管理存在类似的地方。现代化的企业制度是为了适应市场经济制度而建立的。比如，劳动力资源管理制度的目的是开发劳动力资源，而学校是开发人才资源的重要机构。

最后，利用社会的主体力量，同样可以承担办学主体的责任。社会的竞争日益激烈，尤其是劳动力市场，对于优质人才的需求量不断增长，而社会经济在不断进步，教育活动在提升个人综合素质上有着重要的价值，教育活动满足了社会发展的需求，而社会的各项主体也可以承担起办学主体的职责。

通过宏观调控措施制定相应的法律法规，这些规章制度可以调动办学主体的积极性，其中涵盖了企业、各级政府、公民以及社会主体等，提升主体办学的积极性是后续进行教育管理制度改革的推动力。

（四）转变政府职能，改善和加强中央政府对高等教育的宏观调控

政府对高等教育的管理应用的是集中统一的管理模式，对这种模式进行持续

的改革是我国教育领域开展改革的主要表现形式。首先应转变政府的管理职能，传统的行政管理模式存在着强制性，建议使用立法、规划、拨款、评估、政策指导、宏观调控等手段实施控制。利用社会中介组织间接管理高等院校。中央政府在《中国教育改革指导纲要》当中提出，依法转变政府职能，尤其是进行重大科学决策之前做好理论方面的研究，构建并完善社会中介组织，比如教育咨询机构、学位评估机构、考试机构、资格认定机构等。鼓励社会主体对高等教育管理提出可行的建议，积极地参与到政府的宏观调控中来。各省政府可参与制定学校的发展规划、经费预算标准等。因此政府的主要作用是根据社会发展需求调节高等教育的规模以及发展速度，帮助学校提升办学质量和效益。

（五）积极推进以联合、共建为重点的管理体制改革

1952 年我国的教育主管部门按照行政大区进行划分，对高等教育管理制度进行了调整，这种管理制度沿用至今。各省市区域的经济在不断发展，高校建设事业也得到了快速发展，办学管理制度却呈现出条块分割的特征。我国确立了社会主义市场经济制度之后，国家职能以及机构一直处于改革当中，政府职能急需转变，所以办学管理部门以及相关的管理制度应不断创新与改革。在中央业务部门直属管理之下，有的高等院校办学水平以及办学质量普遍较高，但是改变了归属关系之后，这些重点院校并没有受到太大的影响，因此改革活动是帮助高校教育顺利发展的路径。中央政府部门提出，中央直属的业务部门高等院校，应按照中央与地方共同建设的原则进行改革，从中央转移到地方进行管理，学校之间要加强联系和沟通，社会力量要参与到高等院校管理改革中。高等院校的管理体制改革应遵循互惠互利的原则，各省政府要重视政策上的宏观指导，通过试点获得有益的经验之后，再逐步进行推广，只有这样，才能够避免一刀切的问题。

在我国的高等教育改革过程当中，针对教育管理体制进行改革依然是当务之急。高等院校的教育管理体制的改革活动可以和高等教育的发展相融合，按照民主与法制的原则将管理体制改革与教育立法结合到一起。制度层面上的改革要与国内的政策发展环境相匹配，比如高等教育的体制改革，应结合宏观调控管理的趋势，明确高等教育的发展大方向，并且改革活动一定要有利于增强党对学校的领导。在学校内部营造出良好的民主氛围，在校长的带领之下，广大教职员工共同努力提升学校的科研质量，服务于社会主义建设事业。

三、与全球教育接轨

（一）经济全球化背景下中国高等教育管理方面面临的困境

1. 在管理体制方面重视集权以及约束性

管理体制方面的集权以及约束性主要体现在办学的管理模式方面。实际上也存在地方政府对高校管理过度的问题，导致高校在自主办学过程中的积极性下降。与此同时，高校在其领导队伍的建设、教师聘用和学校招方面自由度也不高，难以充分地发挥出高校自主办学的良好效果。同时，高校的经费来源以及专业设置等保证高校运转的要素都由上级教育主管部门控制，导致高校对政府的依赖性过高，无法自主运行发展。

2. 过于重视行政管理而忽视了学术管理

传统高校的治理过程当中，重视人员的价值，要求高校的领导队伍具有较高的决策能力以及对问题的分析能力，一旦其个人的分析判断能力出现问题，就会导致整体的管理活动出现偏差。高校的领导队伍管理水平决定着其发展空间，在高校管理中起决定作用的有学术管理和行政管理两种。从目前各高校管理情况来看，普遍重视行政管理，而在学术管理方面重视不够，呈现出学术管理偏弱的特点。而高等院校主要是做学问的，学术活动是必不可少的基础活动，过分重视行政管理，压制学术权利，将影响高校的学术研究的活力。

（二）经济全球化时代中国高等教育管理的具体出路

1. 树立正确的高效的教育管理理念

在经济全球化程度逐渐加深的背景下，我国的教育理念受到了外国教育理念的冲击，产生的影响比较深远。因此，要求我国能够借鉴外国教育方面的先进理念，并始终坚持自身独特的教育特点。具体来说，在高校的教育理念的发展过程当中，应当树立多元化以及人本化的教育理念，与此同时还应当充分地结合几千年历史发展过程中所塑造出的浓厚文化底蕴以及人们的管理智慧，通过各种有效因素来促进高等学校的进一步发展，建立完善的教育管理体系。

2. 完善自身的教育管理体制

在经济全球化时代，在未来的发展过程中，应重视提高高校的办学自主权。具体来说，要求政府能够将其管理方式进行转换，从直接管理转向间接干预。另外，要求地方政府能够承担统筹管理的责任，促进高校资源的进一步优化，实现地方经济以及高校之间的和谐发展。除此之外，还应当进一步落实高校的法人地位，扩大学校的自主权，提高高校自主管理的意识以及水平。

3. 将中国高校的教育管理体系和国际接轨

经济全球化时代背景下，中国高校的教育管理体制要进行进一步的完善，需要充分借鉴国外先进的管理制度，促进国内外管理制度的协调。具体来说，借鉴国外高等教学机构来华办学的资质认证标准，对相对应的学位和学分制度进行完善，从而实现我国高等教育体系方面和国际接轨，促进我国综合教育水平的提高，同时扩大国家影响力。

4. 提高高等教育网络化管理的信息透明化程度

在新时代下，对于信息建设的要求已经越来越高，要进一步实现高等教育体系的完善，需要重视信息的透明化管理。具体来说，要完善高等教育网络的公开制度，重视信息公开的范围期限以及相对应的法律责任等。

总体来说，经济全球化时代中国高等教育管理面临的困境仍然较多，要求能够结合实际情况对其进行充分分析，并融合高校未来的发展需求以找到更加有效的解决方案，从而进一步促进经济全球化时代下中国高等教育管理水平的提高。

第三章　就业导向背景下的高等教育管理

国内的高等教育经过不断地发展，已经取得了初步的成就，现阶段的高等教育培养不仅重视应用型人才的培养，同时也将高精尖人才的培养当作重要的任务。以职业教育为例，就业率是衡量职业教育质量的重要标准。为了推动高等教育稳步发展，需要对高等院校的岗位设置、培养目标、课程内容、教学模式等进行全方位的改革与调整，明确普通高等院校的发展定位。

第一节　基于就业导向的高校创新人才培养

教育改革受到了社会各界的普遍重视，尤其是世界经济发展速度放缓，就业问题较为严峻，推动高等教育的改革、明确人才培养的目标是现阶段必须重视的问题。高等院校要对教育方式进行改革创新，提升与市场的联系程度，确保教育质量的同时满足市场的人才需求，并进一步制定出教学改革方案，激发出人才的创新思维。

一、就业导向下高校创新人才培养的必要性

（一）就业市场对创新人才的需求在不断提升

1. 就业市场需求形势

我国的经济发展深受国外经济发展大趋势的影响，尤其是世界经济联系日益密切，市场竞争加剧，而这也对国内的就业市场造成了影响。现有的就业市场结构存在着供给和需求不平衡的矛盾，并且这种矛盾变得更加复杂，体现在年龄层次、知识体系等方面。传统的劳动力资源掌握的知识体系已经相对落后，传统行业面临着转型，数字化控制技术兴起，一些传统行业逐步消失，大量的技术性岗位对于人才的技能要求不断提高，因此技能型人才是人力资源市场上非常短缺的群体。这种需求的不断增加导致了人力资源供给的矛盾，传统的产

业必须要做出调整，我国的集约式经济发展对于产业结构的标准要求更高，在此期间对于劳动力资源的需求量必然会增长，而这也导致人力资源市场出现了结构性矛盾。

2. 就业形势对创新人才提出的新要求

近几年高校扩招带来了大量的高校毕业生，而国内的就业形势日益严峻，大学生的就业问题成了困扰高等教育的难题。在就业率低迷的情况下，学生们的就业质量普遍下降，针对这些问题笔者提出了创新型的人才培养方案以期为解决相关的问题提供参考。具体可以从以下两个方面进行应对，首先是运用创新型的教育方式，培养学生的创新能力。生活在信息化时代下，学校的教育活动应结合新兴产业的发展状况，为新兴产业的发展提供优质的人才。其次，新时期的创新型人才要接受系统化的理论教育，掌握系统的科学知识。创新的基础是掌握大量的知识并形成完整的知识体系，从中吸取教训总结成功的经验。高等院校在培养创新型人才方面，不仅要传授专业知识，同时也要指导学生展开实践活动，提升知识的实用性。

（二）创新人才培养为大学生就业提供坚实保障

在社会持续提升对劳动者综合素质要求的同时，高等院校要以就业为精准导向，探寻大学生发展的新方向，不仅要提升当代大学生的总体综合素质，同时还要培养学生的创造力，提升学生的就业成功率。

1. 创新人才培养是提高高校品牌影响力的有力保障

当前无论对社会的发展还是对大学生的就业，品牌都会产生一定的影响。相对于一般高校的毕业生来说，名牌学校毕业生的就业优势要大得多，很多企业都会将"名校"作为招聘的第一选择，这样普通的高校毕业生即使拥有较好的综合素质，也是依然会错过一些良好的就业机会。对大学来说一定要加强创新人才的培养，持续扩充学校的教学团队，尤其是关注创新活动，学校应充分提升学校的知名度，同时还要塑造出强大的品牌效应，给学校的毕业生提供良好的品牌竞争力。

2. 创新人才培养是增强大学生就业素质的基本前提

与传统的人才培养模式相比，创新人才的培养方式具备更多的优点，不仅可以让本学校内的学生总体素质得到全方位的提升，还可以让学生的综合能力与社会人才的需求保持一致。通过不断加大人才的培养力度，为学生的就业打下良好的基础。部分高等院校开展持续创新并应用创新型人才的培养方式，在基础课程等方面巩固了课程内容，还对个人的专业技能提出了新的要求。创新人才培养模式和学生们的创业就业指导方针有一定的关联，采用这种方式能提升学生的就业能力。

3. 新人才培养是提高大学生创新创业能力的可行举措

高等院校一方面需要对学生们的实践能力进行培养，还需要采取和创建创新型国家相关的措施，具体内容有：提升学生们的创新创业能力，这不仅可以快速地推动高校的教育改革活动，帮助学生们转移知识，还能够明显地提升学生们的实践能力以及创新水平。目前国内的大多数高校开始设置创新创业平台，为学生们提供创业的实践机会，并着重培养学生们的创新创业能力，这有利于培养出满足社会发展需求的复合人才。

二、高校创新人才培养现状对大学生就业带来的不利影响

国内的高等教育开始将现代化的教育理念引进来，这种思想理念在国内也得到了人们的关注。教育的理念是在教育活动中规定的目标、原则、价值观和方法等的总和，是教育工作的指导思想和实践的准则。先进的教育理念可以成为教育活动的外部环境，目前在培养创新型人才上，高校依然受到以下因素的影响。

（一）教育教学理念滞后

曾经一段时间内，国内的教育观念较为落后，采用传统的固定的教育教学管理模式，也存在着单向化的问题，这种管理思想在短时间内很难改变。经过不断地实践，单一的管理模式的弊端不断显现，其中有一部分问题应引起人们的重视，如部分高校较为关注共性能力的培养，却忽略了个性发展。这样学生的专业能力就得不到显著的提升，也很难对学生的专业能力进行评价。在多元化社会背景下，评估学生的专业能力对高等院校的学科设置会产生影响。在教学改革及课堂教学环节，部分高等院校已经在进行改革，但是在创新人才的培养制度上依然存在着一些亟须克服的困难。

（二）课程体系设置不健全

到目前为止，国内的高等院校专业课程体系和课程设置已经呈饱和状态，想要实现创新人才的培养目标，制定出相关的创新课程是非常有必要的。在课程管理上，国内的大学课程体系一般都有必修课以及选修课两种类型。灵活的课程设置内容可以为学生带来个性化的发展机遇，然而课程评价体系并未统一下来。没

有科学的评价方式，就很难对学生的学习活动进行评估。在对学生展开指导时，应给予学生必要的环境以及实践支持，这样才能够为社会培养出创新型人才。

（三）缺乏创新实践平台

从现代教育的角度来看，高等院校不仅要提升课堂教学质量，教会学生基础的文化知识，同时还要注重培养学生理论与实践结合的能力，这对于促进高校毕业生顺利就业有着至关重要的意义。笔者分析了大部分高校设置的创新型人才培养方案，对比了方案的实践效果，发现缺少相关理念的培训是培训教学活动受阻的主要原因。有的高等院校现有的实践培训基地数量较少，学生很难享受到充足的实践机会。有的高等院校配备的硬件设施普遍老旧，影响了实践活动的有效性，达不到提升学生实践能力的作用。

三、就业导向下高校创新人才培养应对策略

在高校毕业生就业压力不断增加的情况下，大学不仅要继续研究创新人才培养的方案，还要拓宽解决问题的渠道形成新的解决思路，围绕着以上两个问题增强人才培养的针对性。

（一）转变教育教学理念

在当今的时代发展背景下，社会事务不断发生变化，因此要同时具备创新理念和创新能力，只有具备这些能力的人才可以与社会的发展相适应。在高等教育的教学改革上，要把推动高校持续发展当作改革的目标，同时也要考虑到社会环境的变化，将未来一段时间的社会发展目标当作基础对当前的教学管理理念进行优化与变革，精准定位人才的培养方向，完善教学管理的内容，确保教学活动的科学性。因此，在进行课前安排及讨论的基础之上，综合多种教学方式，比如在课堂上进行提问、开展专项课题研究等，同时要关注社会发展的需求，不仅要激发学生们的创新积极性，还要塑造学生们的个性化思维。

（二）深化课程体系与教学模式改革

在教育教学方面重视提升教学的整体品质，这对于深化教育体制的改革有重要的意义，不仅要使用创新型的知识，在课堂教学上还要培养学生的创新意识。首先从教师的角度来看，要提升教师们的教学水平，比如运用"传帮带"的方式来实现，也可以运用集体备课的方式来完成。大学教育活动是老师的主要工作职责，工作重点要放在提升教学品质方面，构建实施学校的教育工程项目，加快改革成果的落实。其实从学生的角度来看，想要提升创新实践能力，

可以强化专业实践，将教学实践与社会实践同步进行，这样学生们就能获得更好的实践经验。

（三）构建完善高效的评价考核制度

评价考核制度对于人才培养工作有重要的意义，培养与社会发展相适应的创新人才，尤其是要重视构建出合理的评价考核制度。一方面运用该制度对教学成绩进行考核，另一方面这些标准能够作为监督教学质量管理的规范，确保教学质量的评价指标更加完善，提升评价体系的科学性。自建考核评价制度方面要确保评价指标的多元性，还要始终将提升教学能力当作第一位的工作。

（四）搭建大学生创新实践平台

与传统的教学方式相比较，运用开放性教学环境能够衍生出更多的优点，它既能为高等院校进行教学改革带来有效的实践途径，又能满足当前改革课堂的要求，还能为创新人才的培养带来更多助力。

第二节　基于就业导向的高校学生管理工作研究

随着社会的快速发展，各高校在学生管理工作中逐渐提高了要求和标准，特别是在人才就业市场竞争日益激烈的情势下，需要建立基于就业导向的学生管理机制，引导学生科学地认知自我，制定出适当的职业规划，有效锻炼和培养学生良好的社会适应能力和就业竞争能力，推动他们自身实现良好发展的同时，完成为国家和社会培养大量优秀的高素质人才的重任。为此，高校需要在转变发展观念的基础上，积极探索和寻找改革和创新的有效措施，为提升高校学生管理工作实效做出不断的努力。

伴随着我国高校扩招政策的深入实施，大量的中学生跨进了大学的校门，每年各大高校的大学毕业生数量呈现出了不断增长的趋势，学生面临着巨大的就业压力，高校也逐渐强化了对学生就业的指导工作，一方面客观地分析当前的社会就业形势，在专业课程设置方面做出积极的调整和优化，另一方面在实施个性化教育的同时，注重培养学生的综合能力。在高校学生管理工作中，将就业作为导向，体现出了创新的发展思路，不管是对学生学习和就业还是对高校的未来发展都具有重要的现实意义和长远意义。

一、当前我国大学生就业的状况

随着我国素质教育的不断发展，各高校每年的招生数量都呈现出了不断增长的趋势，传统的大学毕业生包分配制度早已离我们远去，在当前的教育体制下新的就业模式在发展中不断完善，"双向选择，自主创业"的就业模式逐渐形成。在新的就业模式下，社会岗位竞争日益激烈，各高校每年要向社会输送大量的大学毕业生，这就使得大学生们都面临着巨大的就业压力，就业难的问题日益突出。

（一）高校毕业生人数多，社会就业竞争激烈

高校扩招政策一直在实施，各高校每年的招生数量逐渐增多，相应地，高校的毕业生数量也是逐年增多的。从近些年的社会发展来看，大学每年的毕业生总数要远远多于社会工作岗位的需求量，这就呈现出了明显的"供大于求"[①]的社会现象。在就业岗位稀缺的情况下，大学毕业生之间必然会形成激烈的竞争关系。长期以来，大学毕业生的就业难问题成为突出的社会问题，一些大学生在毕业后面临着失业的尴尬局面不管是对个人的发展，还是对社会、国家的发展都产生了消极的影响。

（二）大学生本身的综合素质和能力对就业产生的重要影响

随着社会的快速发展，很多企业在发展的过程中也出现了新的变化，例如在人力资源构成、人才招聘条件等方面。进入信息化时代，企业的发展依托众多的因素，但是人才因素是最重要的因素，企业已经深刻意识到这一点，逐渐转变了人才引进的理念。在人才招聘的时候，除了关注学生的毕业院校、在校学习成绩以外，企业更加注重学生的综合素质和综合能力，例如学生是否具备相应岗位的工作经验，是否具有熟练的信息技术应用能力等。在很多有名的招聘网站上，人才招聘的录用条件和标准都非常清晰，很多用人单位都对招录的人才提出了一定的标准，例如具备相关的工作经验，具备扎实的专业知识和专业技能，具有良好的团队精神和抗压能力等。由此可见，用人单位对人才的要求越来越高，不再单纯地看重专业素质，更加重视大学生的综合素质和综合能力。而从大学教育的实践来看，很多大学生在校园里只是关注自己的专业课程学习，缺乏相关的社会实践经验，一旦进入工作岗位，很难快速地适应岗位工作，满足工作的实际需要。另外，一些大学生由于缺乏对社会的了解，在进入工作单位以后，不管是在学习、生活上，还是在人际交往上，依然采用校园里的方式，因此，与工作单位的生存

---

① 陈帅帅.以就业为导向的办公软件在计算机基础教学中的应用［J］.现代职业教育，2021（21）：210-211.

方式显得格格不入，一定程度上影响到了他们的就业质量。在当今快节奏的社会生活中，大学毕业生一定要注重转变发展观念，注重角色的转变和社会经验的积累，扮演好自己的角色，为顺利就业奠定坚实的基础。

（三）当今大学生的就业观念对就业产生的影响

随着互联网技术和信息技术的快速发展，高校大学生可以在网络世界里更多地了解社会和接触社会。网络不仅使他们增长了见识，开阔了视野，而且使得他们的思想更加开放，思维更加活跃，就业观念必然会随着认知的提高而发生一定的改变。相比普通院校的大学毕业生来说，国家重点院校的毕业生对就业的要求比较高，他们不仅会考虑工作的环境、工作的劳动强度、工作的时长、工作的福利待遇等，还会考虑自己职位的上升空间、未来的发展前途等问题。然而在现实生活中，毕业生和用人单位是双向选择的，"毕业生看上了，用人单位不一定看得上"，因此，残酷的现实中常常存在"一厢情愿"的情况。从现实情况来看，不论是普通院校的毕业生还是名校的毕业生，都可能面临就业难的问题，大学生在就业的道路上一定要端正态度，做好自己的职业规划，只有这样，才有可能找到自己中意的工作。

二、当前高校大学生管理工作的突出特点

（一）学生的素质存在较大的差异性

在高校扩招政策的实施过程中，各高校不断扩大招生规模，大学生的数量增多了，从而学生的综合素质出现了很大差异。很多大学生都是从激烈而紧张的高中生活中走过来的，猛一进入大学生活，很多学生会出现找不到学习方向和学习目标的问题。另外，高校的大学生往往来自全国各个省区市，具有不同的成长环境和学习基础，无形中为高校的学生管理工作带来了很大的挑战。高校要尊重学生之间的个性差异，采取有效的管理措施，进一步提升学生管理工作的实效。

（二）网络环境下学生管理工作难度性增强

随着网络技术和信息技术的快速发展，校园网络在高校中得到了广泛普及，网络信息技术的应用，给大学生的学习和生活带来了极大的便利，同时，在高校的学生管理工作中，网络信息技术也发挥着重要的作用。在网络技术的应用中，安全问题是最值得关注的问题。很多高校在信息化建设过程中，投入了很多的资金，购买了充足的移动设备，加强了对学生的管理工作，不仅改变了传统的课堂学习方式，还有效地推动了高校文化建设。在实践教学中，一些大学生缺乏一定的自律能

力和辨别能力，沉溺于虚拟的网络世界中不能自拔，走上了错误的发展道路，荒废了学业。因此，在高校学生管理工作中，一定要加强对学生的引导和教育，让大学生建立起正确的网络观念，合理地使用网络资源，促使他们更好地发展。

（三）成长环境对大学生的成长和发展影响巨大

当代的大学生生活在优越的环境中，不管是大学生的个性特点，还是学生的学习基础和学习能力，都呈现出了明显的多元化特点。之所以会出现巨大的差异，与他们的成长环境具有巨大的关联性。家庭是大学生成长的重要场所，家庭教育对学生的影响是巨大的，也是深远的。另外，校园学习环境对学生成长的影响也不能忽视，尤其在大学生的管理工作中要特别重视这一点。在高校的学生管理工作中，一定要遵循"学生为本"的原则，依据大学生的实际成长特点和发展情况，采用高效的管理策略，进一步提升高校大学生管理工作的效率和质量，保证大学生健康成长和顺利发展。

三、基于就业导向的高校学生管理工作的有效提升策略

（一）积极转变就业观念

伴随着社会的快速发展，我国的各行各业都获得了较大的发展，并且在发展的过程中实现了转型升级。对于高校来说，一定要顺应时代的发展变化，广泛搜集就业信息，加强对学生的就业指导和引导，及时解答学生就业过程中存在的问题和困惑，并给予他们一些专业性的建议和意见。从实践来看，部分大学生长期生活在相对封闭的校园中，他们大多数人对社会的就业政策、就业形势缺乏了解和认知，很容易被传统的就业观念左右，使得他们的就业和择业行为失去科学性。一般来讲，传统的就业观念包括：寻找"铁饭碗"的就业观念；执意"专业对口"的就业观念；为了父母，工作地点不能远的就业观念；"就业定终身"的就业观念；"工作轻松，福利待遇好"的就业观等。在大学生管理工作中，就业指导是其中一项重要的教育内容，教师一定要重视存在传统就业观念的学生，并给予其耐心、深刻、全面的纠正和指导，帮助学生客观准确地认识自己，树立起正确的择业观念，以免学生固守观念，错失就业机会。在高校的大学生就业指导工作中，一定要注重灌输新的就业观念，保证学生在新时代具备新的就业观念。

（二）引导学生学习和积累充足的就业知识

在高校的就业指导工作中，要积极为学生提供全面的就业指导，一方面要帮助大学生分析当前就业形势，对就业方向给出正确的指引，向学生宣传一些重要

的就业知识；另一方面要完善他们的就业知识结构，解答他们的就业疑问，避免大学生走入就业的误区，避免就业欺诈情况的发生。在学生管理工作中教师要有意识地增加就业知识教育和宣传，引导学生加强对就业知识的学习和认知，积极构建就业知识课堂。就业知识课堂，就是引导学生开展"职业发展规划"课程的学习。该课程包含的学习内容较多：其一，介绍大学生就业经常遇到的就业陷阱等，帮助大学生增长见识，提高辨别虚假信息的能力，特别是识别面试中收取押金、与企业签订不平等劳动合同等行为。其二，对学生进行普法教育，特别是与劳动就业关联性较强的法律政策等，例如《中华人民共和国劳动法》《中华人民共和国合同法》等，让学生清楚签订劳动合同的重要意义，清楚哪些合法权益是受到法律法规保护的，以及如何正确地运用法律武器来维护自身的正当权益等。其三，引导学生全面学习就业技巧，不管是在日常生活中，还是在工作岗位上，都需要运用到一些社交礼仪、工作技巧等。在教师的指导下，大学生掌握一些就业技巧，就可能在面试中或者是岗位上占据优势，从而增加就业成功的概率。总之，在高校的学生管理工作中，教师要注重课程的设置，指导大学生学习和积累更多的就业知识，为顺利地走上工作岗位创造良好的条件。

（三）进一步调整和优化专业教学

进入新时代，社会对人才的需求逐渐增多，企业对人才的要求标准也越来越高。当前，更多的用人单位对专业知识和专业技能扎实、道德品质高的专业人才情有独钟，因此，各高校要适当地进行专业课程教学的调整和优化。其一，针对当前的就业形势进行全面的专业结构分析，重点培养社会急需的专业人才，开展有针对性的教育教学。其二，理论教学和实践教学并重，重点培养学生的实践操作能力，让理论知识积极地转化为实践能力，以便于满足工作岗位的实际需求。其三，高校和企业要加强沟通和交流，鼓励和欢迎企业参与到学生的专业教学当中，依照企业的人才需求，有针对性地培养专业人才，做好企业的专业人才储备工作。在企业和高校的深度合作中不断提升大学生的就业率，满足企业的发展所需，真正达到双赢。

伴随着人才市场供大于求的矛盾日益突出，各高校要遵循以学生为本的原则，积极探索就业管理的新模式，给予大学生强有力的就业指导，促进他们综合素质和能力的提升，帮助他们顺利地走上工作岗位，实现自己的人生价值。

（四）以点带面渗透就业理念

高校作为开展学生管理工作的主体，对于就业指导工作和职业规划工作的展开起着重要的导向作用。因此，要想有效弥补并解决目前高校学生管理工作存在的不足和问题，高校就应充分重视就业导向下的学生管理工作，通过以点带面的教育方式渗透就业理念，在潜移默化中加强对学生的就业指导，从而让学生能够在学习与成长的过程中提升对就业的认知和对职业规划的判别分析能力，调动学生参与就业实训实践活动的整体积极性。首先，高校在渗透就业理念的过程中，应针对不同学院专业的学生制定出具有针对性的培养方案和计划。通过对学生干部和积极分子等优秀学生的培养和教育管理，有效渗透就业理念，以点带面，让优秀学生干部和积极分子在学习和生活中带动周围学生的学习热情和就业认知水平的提升，充分发挥优秀学生和先进分子的标杆带头作用。以此为着力点，提高高校学生的就业认知整体素质，从而为加强高校学生就业指导、提升高校学生管理工作效果奠定良好的基础。其次，高校学生的教育教学管理工作应充分考量到学生在这一时期的发展特点，不仅要关注制度的执行，还要注重对于高校学生自我管理能力和自我约束能力的提升。以社会需求为导向开展就业教育管理活动，从思想意识形态上渗透就业理念，为就业导向下高校学生管理工作有序推进提供良好的思想保障。

（五）以专业建设推进就业工作

在高校学生管理工作推行的过程中，通常将团体性活动作为学生展示自身和表现自我的平台。但是从实际就业工作和教学管理工作推进的效果来讲，参与主体的全面性和活动覆盖面的广泛性，使得很多高校学生难以真正在这种团体活动中获得实际的锻炼，这也导致了很多高校学生在参与团体性教学活动和教学管理工作的过程中缺乏积极性和参与热情。

因此，在以就业为导向的高校学生管理工作中，教师需要针对这一团体性活动的不足进行分析和反思。在教学管理工作的展开过程中，以专业建设为着力点，通过举办以班级为主体的团体性活动，有效缩小参与主体的范围和活动的覆盖面，为学生提供更多展示自己和表现自我的机会与平台，不断提升高校学生的综合能力和心理素质，从而在后续就业指导工作的开展与教学管理活动中，不断提高学生的社会适应能力和就业竞争力。要在整体上提高高校学生管理工作的质量及效率，教师在班级团体设置的过程中应针对专业进行定位，可以结合当地的产业结构和经济发展格局进行综合考量，进行专业方向和教学管理工作上的调整，并以此为契机进行主题演讲竞赛、才艺展示、辩论赛、专业讲座等活动，以专业建设为基准，让高校学生管理的教育内容直接与就业活动相连接，在有效提升高校学生参与团体活动的积极性与体验感的同时，提升学生的综合职业技能素养，帮助学生累积实践经验，进一步推进高校学生就业工作。

（六）以分层指导强化就业管理

随着近年来素质教育理念在教育改革中的渗透，在高校教育和就业管理工作的推进过程中，应综合考量到学生在这一时期的发展需求以及就业市场的人才需求，并以此为基础进行课程建设上的有效优化，为人才培养模式和培养方案提供良好的建议导向。因此，在就业导向下的高校学生管理工作展开过程中，可以借助因材施教的教学理念和原则进行分层次的指导，有效强化就业管理工作，从阶段性的工作上逐步突破高校学生就业困难的问题。首先，对于高校一年级学生，可以开展基础就业教育和职业定位课程，上好大学的第一堂课。让学生能够在一步入大学就能够对于自身的专业和行业发展前景进行认知，对自己进行定位，有一个较为清晰的发展目标，从而在这一发展目标的指引下做好未来学习和技能发展上的目标规划。其次，在进入高校二年级时，应针对学生进行就业指导和职业生涯规划课程，让学生能够对自己进行更深层次的全面认知，并在对于自我进行认知和综合评估的基础上制定职业生涯的发展目标和规划，让学生能够在新的认知环境里提高岗位能力和技能素养。在进入高校三到四年级时，应针对学生开展实践实训活动，让学生在实践工作过程中增强对于就业和职业选择的认知，真正实现就业导向下高校学生管理工作的实用性和高效性。这种分层次的指导和阶段性的教育管理工作，能够让高校学生在学习与成长的过程中，循序渐进地掌握就业技能，提升自身职业技能素养。与此同时，在高校学生管理工作中还应从人文关怀和立德树人的角度，针对部分就业困难的学生进行专门的训练，有针对性地对于其薄弱点，如表达能力和人际交往能力等进行指导与强化，帮助学生提升自身的就业技能和就业素养，助力学生有效拓宽就业领域。在这一过程中，也可以通过第二课堂活动或同实训基地开展交接培训活动等形式，为学生提供接触了解社会的机会与平台，让学生能够在实践的过程中发挥自身的专业能力，以良好的课程建设对于人才培养模式进行革新，不断提升高校就业管理工作的质量。

（七）加强学生管理工作的法治化建设

要建立健全学生管理工作体系，一是做好刚入学新生的思想教育，高校要对刚踏入大学校园的学生加强思想教育，要让他们明白自身的价值；二是要加强法治教育，使其能够按照相应的规章制度行使并履行自身的权利和义务，从而更好地加强学生管理工作的法治化建设。

（八）提高就业指导者的工作素质

高校的就业指导者要根据当今市场经济的发展形势，并结合国家的方针和政策加强学生的就业指导工作，从而使其能够更好地适应企业需求；同时，就业指导者要不断地提升自身的专业水平，从而为学生提供全方位的就业指导。就业指导者还要强化学生就业心理辅导教育。由于社会巨大的就业压力，高校学生的心理承受着极大的考验，进而会引发一系列的心理问题。因此，高校要加强学生的心理健康教育，通过开设心理健康教育课程以及增设心理咨询机构等方式加强学生的心理健康教育，从而培养学生积极乐观的健康心态，进而帮助他们树立正确的世界观、人生观、价值观。

（九）深入开展社会实践

高校在学生管理工作中，通过采用社会实践的方式鼓励学生将所学的专业知识应用到社会实践活动中去，从而更好地培养学生的实践动手能力。同时，学生也可以通过实践活动不断地提升自身的思想认识，进而积累丰富的工作经验，从而更好地为社会做出应有的贡献[①]。

（十）创造良好的校园文化

高校还要加强校园文化建设，这对于学生学习和生活具有十分重要的意义，能够引导学生德、智、体全面发展。当前，在校园文化建设中，高校要以学生为本，通过创设良好的学习环境激发学生的学习潜能，使其主动地参与到学生管理工作中，从而为校园文化建设贡献自己的一份力量。

高校在学生管理工作中要以就业为导向，转变传统的学生管理观念，通过采取一系列的措施更好地提升学生管理工作的效率，从而全面提升高校学生的综合素质，进而为社会培养更多的实用型人才。随着近年来就业形势的不断严峻，高校需要在开展学生管理工作的过程中，以就业为导向，针对课程建设体系和专业建设内容进行优化与革新，并以此为切入点，注重对于人才培养模式的创新，培养优质的专业型人才。可以通过以点带面的教学组织活动，激发学生参与就业活动的热情与积极性，有效渗透就业理念，帮助学生在初期阶段树立正确的就业和职业生涯发展规划导向。也可以通过贴合时代发展需求的专业建设与分层次指导的课程体系优化等多个环节，帮助高校学生做好自身定位，有效解决就业难的问题，不断提高高校学生管理工作的质量及效率。

---

① 顾英佳.浅谈以就业为导向的地方高校学生管理工作方法［J］.市场论坛，2019（8）：53-55.

第三节　基于就业导向的高校教育实践

在国家经济新旧动能转化的关键时期,中国就业形势迎来了前所未有的挑战。如何结合大学生就业导向,缓解当前"就业难"与"找人难"的就业结构矛盾成为须解决的问题。基于中国当前的就业形势,研究发现高校以就业为导向开展教育实践创新有利于满足经济高质量发展的用人需要。鉴于此,文章提出以下几点策略,以市场需求为内核,重塑教育教学体系;以岗位需求为依据,优化人才培养方案;以构建评价监督机制为抓手,保障大学生就业质量。

高等院校是培养人才的第一线,开展教育活动要以就业为导向。这种思想对于缓解国内的就业矛盾,减轻社会就业压力具有十分重要的意义,所以此次研究将大学生就业导向和高等院校教育管理相挂钩,并对创新的路径进行深入探索,希望能够为提高大学教育的实效性以及专业性带来理论上的依据。

一、中国就业创业教育的缘起

世界教科文组织 1989 年在北京举办了 21 世纪的教育国际研讨会,在此会议上第一次将就业与创业这个词引入了众人的视野,从这一点来看,大学生的就业以及创业教育活动已经成了与学术教育及职业教育同等重要的课题[①]。国务院在1999 年提出《关于深化教育改革推动素质教育的决议》,高校要注重针对学生进行创业及创新精神的教育,这是我国高等教育发展的一项重要任务。2002 年我国教育部提出针对高等院校的学生创业、自主择业等进行专项管理,并制定出相关的制度,从制度层面上为高校毕业生完成就业创业带来了保障。我国教育部门在 2010 年 5 月份提出《推动高等院校学生创新创业教育及自主创业工作的建议》,要求在学校进行创新创业相关的教育活动,指导学生展开自主就业及创业;国务院在 2015 年推出《关于进一步做好新形势下就业创业工作的意见》;"十五"期间政府提出了就业创业的规划纲要;在"十四五"期间落实就业的优先战略,在社会上增加就业岗位,从结构上解决就业难的困境。

---

① 陈帅帅.以就业为导向的办公软件在计算机基础教学中的应用[J].现代职业教育,2021(21):210-211.

二、高校以就业为导向开展教育实践创新的重要性

（一）有利于满足经济高质量发展需要

目前国内经济发展的动能正在逐渐转换，如此重要的关键时刻，国内的经济发展模式也在升级，由传统的高速增长转向要求提升发展的质量。传统的能源消耗对经济发展造成了负面影响，在这种背景下，政府提出要将创新型产业当作推动转型的重要力量。因此大学的教育也应有新的标准，大学的有关教育工作必须为推动经济高质量发展做出贡献。高等教育是培养人才的主要场所，要为社会发展带来实用性的人才，这也是时代赋予高等院校的历史任务，将就业作为导向开展教育实践创新工作，有利于高等院校掌握社会需求变化，为社会培养出应用型高级人才。

（二）有利于满足市场人才需要

在大学开展教育的根本目标是培养出高素质的优秀人才，服务于地区发展以及产业发展，因此大学在设置专业时必须对本区域内的经济发展趋势、产业需求产生深刻的认知。以就业为导向的大学教育活动更需要和市场人才需求相适应，具体来说，高校可以以就业为导向，关注市场变动，合理优化课程体系及教学内容。以就业为导向的大学教育管理更能适应当前科技发展的需要。因此，以就业为导向的人才培养模式成了高等院校的必然选择。

（三）有利于满足企业用人需要

我国的经济建设活动已经取得了良好的成就，但是依然存在着结构性的矛盾，比如就业难和招工难，这已成为影响经济增长的突出问题。有的企业在招聘人才时会遇到困难，与此同时，大学生在就业过程当中也会遇到困难。实际上导致高校毕业生就业困难的原因有很多，究其根源在于大学教育和企业的实际需求存在着矛盾，大学没有将基本目标设置为培养应用型人才。高校教育可及时调整教育方针，应对市场的变动，精准地把握市场的用人需求，以企业的需求为依据对课程体系展开设计，只有这样，才能培养出应用型人才。因此，在高等院校当中开展以大学生就业为导向的教育，可以缓解这种结构性的矛盾。

三、高校以就业为导向开展教育实践的现实困境

国内的高等院校以就业为导向，开展就业创业的教育活动属于新生事物，由于开展的时间相对较晚，在实践期间没有成熟的本土化模式可以借鉴。另外，就

业创业教育活动属于新的教育模式以及教育理念，与传统的人才教育培养方式有一定的区别，因此在研究及实践方面依然有待探索和发展。

（一）对就业创业教育欠缺认识

对大学毕业生就业与创业的理解，不仅要有理念上的理解，更要有实践经验方面的理解。从就业创业的教育观点来看，重点是强化大学生的创业意识、创业观念，使其在就业及择业观方面形成正确的价值观。从教育的实践角度进行分析，设置的教学目标是为了培养学生的创新思维，将学生们培养成有创新技能的综合性人才。然而，从现有的高等院校就业创业教育的情况来看，学校进行的教育活动依然相对保守，无论是在态度还是在理念上，都有待创新和进步。比如有的学校将就业创业教育活动看作选修课程，所以这样的教育活动并未纳入育人管理体系，这就造成了无论是教师还是学生，普遍不重视就业创业教育。

（二）对就业创业教育的投入不足

开展就业创业教育活动，需要运用崭新的教育观点以及教育方式，这样才能极大地推动高等教育改革。但是我国大多数高等院校在就业及创业教育方面的投资普遍偏少，具体有以下特征：高校毕业生的就业创业课程体系缺乏，尽管高等院校的就业创业教育发展很快，同时也取得了相应的成效，然而整体来看依然有着明显的借鉴痕迹，以国外教育理念为主，没有结合本土的教育特色。在课程体系建设方面，大学并没有编制出符合本土化特色的教材，也缺少独立的课程体系，这就导致了教育活动脱离专业范围。学生们难以进行系统化专业化的教育，就无法实现最终的教学目标。在资金扶持领域，高校并没有设置创新创业的教育专项资金，打造的平台数量非常少，无法满足规模化效益的标准。从师资队伍建设角度来看，无论是教师还是学校的管理层，在创业的认知方面仍然有局限性，所以专职教师非常短缺。在人才配备上，就业指导教师往往是非专业人士担任，这部分教师缺少创业的实践经验，又没有接受过相应的培训，所以在认知上会存在问题。

（三）对就业创业教育资源的整合不够

以前大学在开展就业创业教育方面所遇到的最大困难就是缺少对创业及就业资源的挖掘，没有对其进行有效整合。实际上构成创新创业教育的资源类型有很多，比如政府、家庭、企业、社会等有相应的资源，但是学校缺少资源整合的能力，只关注政府给予的扶持政策，这存在着较大的局限性。

四、以就业为导向开展教育实践的创新路径

（一）以市场需求为内核，重塑教育教学体系

人才市场上的流通非常频繁，企业和社会人员可实现纵向交流，但是教育部门内部的横向沟通不畅，导致了高等院校的人才培养机制存在不完善的地方，使用的教学体系无法满足市场的用人标准。所以在教育培育领域市场的调节功能很难发挥出来，因此大学等机构要加强和外部人才市场的沟通与对接，构建出教育及教学的沟通制度。首先发挥出人才市场的桥梁作用，向学校提供人才需求的有关信息，使高等院校可以及时掌握社会的人才需求特征，其次大学要开展教学体制的改革，将原有的教育教学制度，调整为以就业为导向的思想，调查就业市场并且对信息进行分析，只有在掌握了就业市场的状况前提下，才能判断出市场对人才的需求变化。最后政府也要深入调研就业市场状况，并做出科学的评估报告，而这些都可以当作大学设置专业及进行教育改革的参考。

（二）以岗位需求为依据，优化人才培养方案

大学要根据所在区域的社会经济发展特点，分析企业的实际需要，制定出适合本区域的人才培养计划，并按照专业加实践的人才培养模式设置专业课程，要注重强化学生的技术理论知识，同时要与企业的实际综合状况相适应，提升学生的实践操作能力。大学还需要分析时代发展的特点，根据企业的岗位需求和变化，对培养方案进行适当的调整。培养人才的周期性需求也要考虑在内，如制定出的方案要满足未来的人才需求。

（三）以构建评价监督机制为抓手，保障大学生就业质量

评价监督机制是确保提升就业质量的前提条件，首先应建立一套监督体系，对各项资源进行监督。大学需要发挥出各方面的优势，制定出明确的人才培养目标以及方案，大学要在教育当中投入人力物力资源，以培养学生的创新能力，比如设置就业专项基金，设立就业指导办公室。大学应加强与政府的交流与协作，为学生们提供多样化的实习平台。其次制定出高校毕业生择业评价体系，具体来说将就业评价环节与教学评估活动相融合，并形成制度管理规范，将就业工作与日常管理工作放在同等重要的地位。最后，使用企业岗位评价管理体系与各用人单位沟通，共同构建就业信息平台。

目前国内经济的发展质量在不断提升，在这种背景下只有将学生的就业方向和经济发展趋势相融合，才能够合理地解决大学生就业难、用人单位用工难的问

题。大学可以结合时代发展变化进行系统化的改革，这一方面能提升学生们的就业能力，另一方面能培养出满足社会发展需求的应用型人才。

第四节　就业导向背景下的高等教育改革路径

随着高校大学生招生规模的逐年递增，我国的高等教育逐渐由"精英教育"转向"大众教育"。随着我国经济转型的逐渐升级，社会对高校毕业生的专业能力、职业素养和道德品质等有了更高的要求。同时也对我国高校人才培养目标的调整和课程教学改革提出了新的要求。本节在分析就业导向背景下高等教育教学改革的必要性的基础上，积极探索深化高校教育教学改革的思路和方法。

一、就业导向背景下高校教育改革的必要性

（一）高等教育的功能和任务所决定的

高等院校进行的高等教育活动与技能型的职业教育有一定的差别，前者可以培养出研究型的专业人才，因此高等教育要发挥出教学资源的优势，培养出优质的创新型研究型人才，这也是高等院校在人才培养方面要深入研究的问题。大学要注重专业的融合，探索出符合社会需求的教学模式，探索新的教学内容及方法，这一方面能够提升学生的就业率，另一方面也能够培养出创新型的人才。

（二）新时代大学生的新特点对高校教学提出了新要求

2020年起大学生的主力人群已经由"00后"占据，和以往的"90后"相比他们的生活条件越发优越，在这样好的环境之下学生们也受到了多元文化的影响，他们变得更加独立、勇敢。在新的历史条件下，大学的教师队伍建设也迎来了新的挑战。

（三）学生就业情况对高校发展的影响

大学生的就业状况以及在工作当中的表现，体现出了高等院校的教学水平，但同时也会对学校的专业水平、品牌建设带来影响，尤其会对专业的排名以及往后的招生计划带来直接的影响。总体来说，就业和招生属于辩证的关系，招生计划的合理性会对专业的就业率造成影响。学生的就业率偏低，学生以及家长就会失去对学校的信心；招聘的学生职业素养较差，会对企业的声誉带来负面的影响。总而言之，大学生的就业状况涉及了学校的招生、家长的认可以及企业的信任，

因此，只有以就业为导向的高等院校教学改革活动才能有效地提升就业率及教育质量。

二、就业导向背景下高等教育改革路径探索

高等教育事业发展的基本动力是，结合就业导向推动高等教育教学改革，只有不断地推进制度的改革与创新，才能实现高层次人才的培养工作。现阶段的高等教育正在快速普及，所以在发展的背景之下实现教育的改革与创新是必然选择。

（一）加大对高等教育教学改革的政策扶持与监督

新的社会发展阶段，学生教育的质量是众望所归，所以质量革命是教育发展的必然之路。提升教育的质量是高等院校所面临的共同课题，在以就业为导向的大环境之下，想要真正提升教育的品质，必须让学生们提升思想素质。学校内要通过评价体系评价学校的教学质量，在创新能力、职业素养培养、就业率等方面进行评价和审核，另外使用互联网、大数据技术，形成全方位的质量监控网络体系，这一监督制度对于培养创新型人才以及教育改革有重要意义。

（二）结合专业特点推进高等教育变革

推动高校进行改革，应结合学校的特色，将学生放在核心位置，将提高就业率、把握市场需求看作教育的首要任务，这是指导及推动学校改革的关键。在教育及教学当中应与专业特点相结合，注重素养的提升工作。

（三）教育改革要顺应时代潮流和产业发展

我国的经济结构正处于优化阶段，而经济增长的推动力也需要做出转变，这对于人才的要求会变得更加严格。新型的经济活动必然要有相应的人才资源来匹配，比如工业在不断地进行升级，需要配备专业能力更强的研究型人才。所以国内的高校教育改革要与产业发展保持同步，及时关注行业的最新动态，对学生的专业能力、企业的岗位需求变化等进行深入的研究，只有这样，提出的改革措施才会更具备针对性。以计算机课程教学为例，可以使用虚拟现实（VR）技术，向学生们讲解计算机图形发展的最新理论，这样能够拓展学生的思维以及视野。

（四）构建学校教师、企业专家的"双师型"教师队伍

教学改革活动是在就业导向的背景下进行的，要将企业的项目需求点当作教学的方向以及目标，培养学生要结合市场的需求，将二者紧密联系起来。学校的教师以及企业的专家联合起来组成学习指导小组，对学生的专业及实践教学活动

展开理论上的指引，这样能够形成应用型人才培养模式。此外这种方式能够拓展学生们的视野和研究领域，转变学生的就业观念。大学教师是学校活动的组织者与执行者，关系着教育改革的直接效果，所以要提升教师们的专业素养及实践水平，构建出教师、企业专家共同组成的"双师型"教师团队。而这项工作也是高校教学改革的重要工作内容，建议学校派遣老师到企业中探究相关的技术。另外，可以邀请企业内的专家将经验传授给学校的教师，并且作为兼职老师指导学校的教学工作。

（五）建立目标明确、方式灵活的高等教育投资体系

按照政府、企业、民间三方共同参与的模式，形成以政府为主导、社会民间资本为主体的高等教育投资管理模式，分析三方主体的回报需求，并且设置专项的奖学金以及助学贷款。

将以就业为主导的教育理念融入专业设置调整方面。首先在中央以及省级政府层面上，每年可以对外公布就业需求指导性文件，学校可根据文件内容调整专业。其次，构建出合理的教材调整管理制度，将就业需求当作教学的目标，以此构建出教师团队，鼓励在职教师主动更新专业知识。最后，打造出企业高级人才与学校教师队伍沟通交流的渠道，采用案例教学方式和实践教学方式，锻炼学生的动手能力。

第四章　构建现代师资管理新模式

将习近平新时代中国特色社会主义思想作为高校教育改革的重要指导思想，这是为了适应新时期社会发展变化而采取的一项措施，以人为本、开放式教育、综合发展、育人育德等理念是其重要的组成部分。教育改革问题要将学生当作实践的主体，按照素质教育的标准提升大学生的综合思想品德，让学生可以实现可持续发展。

学校的育人管理功能与教师的管理有着紧密的联系，构建出的育人模式要体现出时代发展的特点，提升学生的综合适应能力，这样学生进入社会后才能适应。

第一节　树立"以人为本"的人本管理思想

"以人为本"是指以人为中心，以人为根本，注重人的生命与价值，这是中华传统文化的基本精神。

以人为本的理念在现代管理思想当中被人们普遍应用，这就要求学校等教育机构要按照人的成长规律围绕着学生解决问题，以推动高校管理的改革。针对学生的管理同样遵循这种理念，建议学校综合分析教育未来的发展趋势，对学生管理工作进行创新。

一、以人为本的科学内涵和本质要求

（一）以人为本的科学内涵

首先，以人为本的思想理念最早源于我国的民本思想，在古代社会就有著名学者提出过类似的观点，比如唐太宗李世民曾经认为"水可以载舟，亦可以覆舟"。古代社会，普通老百姓和统治者的界限非常明确，民本思想要求统治者重视普通的老百姓，但这种做法的目的是维持统治者的统治，满足统治者的利益需求。

其次，以人为本不同于以个人为本，二者有着本质的区别。以人为本的同时也要避免出现人本主义的问题，否则就会引发利己主义。

最后，进入社会主义发展时期，我们的社会强调的以人为本这一点，和资本主义社会的以人为本也有着本质上的不同。

总之，我国社会正处于社会主义初级阶段，在此背景下提出的以人为本思想不仅代表了个人利益，同时还代表了一部分群体的利益。按照这种思想理念做事，不仅应满足个人的普通需求，同时也要解决社会需求的问题。所以以人为本的理念具体是指要满足人民群众的利益，以人民群众的利益为根本，这是中国共产党现如今始终遵循的原则。

人力资源是社会上宝贵的财富，我国要实现现代化，要解放人们的思想和观念，发挥出人们的积极性以及创造性。无论是国家还是个人的发展都需要通过人力资源才能够实现。高校的思想政治教育工作的终极目的是发掘人的价值，推动社会的前进，因此以人为本是高校思想政治教育理念的一部分。

（二）以人为本的本质要求

在社会生活的方方面面都体现出了以人为本的思想，但是具体表现方式千差万别。因此应用以人为本的思想理念必须切实结合具体的实践领域。高校思想政治教育，同样要以人为本，突出人的重要性，将人当作教育的核心。

大学教育方面注重对大学生内在的情感需求进行启发以及引导，激励出人的积极性及创造性，促进大学生建立起科学的世界观及价值观，推动学生的思想道德素质全面发展，最终成为合格的优秀人才，为社会主义事业建设贡献出个人的力量。

1. 调动大学生的积极性

随着时代的发展，民主、平等、自强等思想意识占据了主流，要使人的主观能动性得到最大的发挥，必须使人的思想得到满足，人们的思维个性以及创造性同样会体现出人们生命的本质。

2. 促进大学生全面发展

将四有新人培养作为基本出发点，推进学生的全面成长，这也是社会主义社会建设时期运用马克思主义的表现，同时也是高等教育面临的新标准。1986 年 9 月党中央召开了六中全会，提出《中共中央关于社会主义精神文明建设指导方针的决议》，其中就提到过要建设四有人才的培养模式，并以此为核心内容在全国范围内推广。建设社会主义现代化要和高等教育相结合，培养出有纪律、有文化、有道德、有理想的新时代公民。将促进人的全面自由发展作为高等教育的最终目的，将促进人的发展作为教育的核心，以人为本这种理念对于教育的发展提出了更高的要求。而培养社会主义建设者和接班人，不仅要满足社会发展的需求，同时也要迎合个人的利益，这项培养活动是提升学生思想道德品质的重要措施。

3. 全面满足大学生的物质、精神生活需要

根据马克思主义的理论，人的奋斗是和个人的利益相关联的，从本质上来讲，大学教育工作需要运用科学的理论，扩展学生的思想认知范围，激发出学生的主观能动性以及创造性。目前我国的社会发展正处于转型之中，其中不可避免地会引起人与人之间的利益纠纷，各项利益格局正在调整，要充分发挥人的主观能动性，就必须认识到人们的利益需求点，在满足人们的基本物质需求之后，还要满足精神方面的需求，比如被尊重、自我实现、爱的需求等，在满足需求期间要注重使用马克思主义理论进行指导。按照马克思主义的理论指导人们产生正确的认知，合理地应对国家、集体及个人的利益冲突，让人们的思想层次和需求层次由低级转向高级。高校教育工作的内容要经过多方筛选，满足学生们的全方位需求，激发出学生们的自主性和积极性，对学生们进行人文关怀，实质上就是对生命进行尊重和关怀，运用感染、体验等方式，促使学生们在情感上和社会主义核心价值观产生共鸣，从而改变个人的思维习惯，真正达到提升认知的目的。

二、全面发展的教育理念

推动人的全面发展是应用以人为本教育理念的根本目的，所有的工作都要围绕着这一目的展开。这个问题如果没有得到合理的解决，将会对整个经济社会的发展造成负面影响。人的全面发展问题，关系着现代化的建设，是实现社会主义现代化建设的基础以及前提。

（一）全面发展的科学内涵

在马克思主义理论当中，就提到过人的全面发展理论，这也是该理论的核心，推动人的自由以及解放、实现全面自由发展是马克思主义经常提到的论点。全面发展的理论有着较多的内容，要对各种理论进行深入探究，进而正确认识全面发展的科学内涵。

1. 人的全面发展是指劳动能力的全面发展

对人而言，劳动只是满足自身需求的方式，是为了满足物质生活的需求。生产活动是生命的组成部分，是创造生活的方式。作为生命体生活的劳动，体现出

了生命体的特点。在自由自觉的活动中，人类的各项特征才能够得以体现。劳动活动是人类最基本的实践行为，它不仅推动了人类社会的发展，并且激发出了人类的本性，因此劳动能力的高低，对人们的自觉自由性发展有着直接的影响。

2. 人的全面发展是指人的社会关系的全面发展

社会环境和人们的生存发展息息相关，马克思主义理论认为，人的本质并非对个体的抽象认知，而是从现实角度对社会关系理解的总和。在某种社会环境中，人们才会形成某种能力，并不断地发展和完善，因此马克思主义正是从社会关系发展的层面分析了人的发展历程。个人的进步常常依赖于周围环境的改变以及周围人员的进步，人的社会交往活动越多，人际关系会越丰富，因此能够产生更加开阔的眼界和认知，从外部获得更多的知识技能以及经验。

3. 人的全面发展是人的需要的全面发展和极大满足

人类需求有着多样性及多层次性的特征，这意味着人们既要求得到物质上的满足，也要求得到精神上的满足，在真诚需求当中还包括了发展需求以及自我实现的需求。由此可见，人们满足了当前的需求之后，精神需求就会不断增加，产生新的需求，并以此来推动其他活动的进行。人的本性力量在得到了充实之后，会产生新的认知，这种观点表明人们的需求层次会变得越来越丰富，而需求的形式也会形成多样化的特点。而这种需求是满足人们全面发展的必要条件，从而带动了人类社会的发展。

4. 人的全面发展是人的个性的自由发展

人的发展可以分为三个时期：一是人与人之间的相互依存时期，在此阶段人们对事物存在着一定的依赖性，人际关系存在着问题。二是独立性拓展时期，这一阶段人们会体现出一定的个性，但是又会被某些特殊事物所影响。三是个性自由发展的阶段，在这个时期人们的自由欲望膨胀，而社会的生产力也得到了发展。人们个性的自由度、发展状况，体现出了全面发展的理念，因此要想获得人格的自由，必须实现人的全方位发展。

（二）全面发展的本质规定

中国共产党一贯重视大学生的全面发展，即使时代已经发生变化，但其中的内涵保持不变，并且在不断地完善。毛泽东在 1957 年发表了《关于正确处理人民内部矛盾的问题》，提出发展德、智、体等方面的能力，是教育的重要工作，也对其内容进行了详细的阐述，毛泽东认为现有的教育方针要围绕着全面发展的理念，提升劳动者的综合素质。在邓小平时期，一方面形成了特色社会主义发展的道路，同时也提出了培育四有新人的口号，在这一时期主要是建设社会主义精神文明。江泽民在出席北大百年校会期间提出了要实现四个统一，与此同时，对于青年学生的发展目标、价值取向等进行了详细的规定，从而为知识分子的全面成长提供了明确的指导。江泽民在新的形势之下，提出了人的全面发展这一重要指导思想，推动了马克思主义的升级与发展。

　　2004年，《关于进一步加强和改进大学生思想政治教育的意见》由中共中央、国务院发布，对高校学生思想政治工作提出了新的要求。文件当中提出要实行科教兴国以及人才强国战略，以此来应对日益激烈的国际竞争格局。相关的战略数量众多，但都是针对大学生思想教育展开的，要求学生们重视思想政治教育的内容，这也是从政策层面上给予了高度肯定。2005年1月17日，胡锦涛在出席全国大学生思想政治教育工作会议上提出：在进行社会主义教育事业发展期间，培养人的方式以及目标是必须解决的重要问题，大学生群体是我国重要的人才资源，是整个国家以及社会进步的潜在推动力量。只有提升大学生的科学文化素质，强化思想政治素养，才能培养出合格的建设者以及接班人，要将这项工作当作政府的重要工作任务，并且还要将这项工作持续进行下去。

　　2023年，习近平总书记在中共中央政治局第五次集体学习时发表重要讲话，深刻揭示了教育强国建设的本质特征和客观规律，是迄今为止关于教育强国建设最全面、最系统、最深刻的论述，集中体现了中国共产党人的教育理想和价值追求，是习近平总书记关于教育的重要论述的最新发展，是指引我国教育强国建设的强大思想武器。

　　总体上来讲，推动当代大学生的全面发展关系着学生的综合素质培养工作，大学生必须具备良好的思想道德品质、科学文化素养以及身体健康品质，围绕着以上三点进行全方位的培养。思想道德品质是进行素质教育的核心，而科学文化素养最为关键，这是培养学生的重要环节，大学生的健康心理等素质又是进行科学文化学习的基本条件。所以大学生的全方位成长，必然要求学生们在思想道德品质、科学文化素养、身心健康等方面进行协调发展，高等院校的思想政治教育工作要按照全面发展的原则进行，深入进行素质教育，提升学生们的综合品质，这样学生们才能在新的时期适应社会的发展变化，塑造出多样化的能力。

三、推动大学生全面发展的路径选择

实现人的全面发展，是目前全社会的普遍认知。在新时代的背景下开展教育工作，要将提升学生们的全面发展能力作为根本的目标，大力开展素质教育，并且将提升学生的思想道德品质当作重点。对学生的综合素质进行全方位的提升，教会大学生如何为人处世。重视人类的精神世界建设活动，以提升人类的精神生活品质，要在学生群体当中培养人文精神以及科学精神，从而创造出良好的社会环境，这可以在潜移默化当中影响学生们的身心健康及思想道德素养。

（一）深入进行素质教育

全面提升大学生的整体综合素质，需要培养学生们的独立能力，开发出创造性潜力。我国政府推出了《关于推进中小学校实施素质教育的若干建议文件》，指出了素质教育的定义，原国家教委解释素质教育是为了提升整体的国民素质而进行的教育活动。政策上给出的解释，让我们能够深刻地认识到素质教育的内涵，素质教育是人们发展的基础，是推动人们成长的精神动力。在当今社会，科学技术的融合度越来越高，大量的学科出现了交叉，因此从客观上已经提升了对学生们的创造力要求。进入信息化时代，教育面临的格局更加复杂。因此青年大学生要紧跟社会发展的步伐，不断提升个人的全方位素质。

（二）积极推进通识教育

来到了现代化社会，人们在物质生活不断改善的同时，在精神生活层面上的需求也越来越突出。建设精神世界、实现人的价值是现阶段人们不断追寻的目标，在世界范围内不同的文化相互碰撞，人们的价值观理念、道德标准、生活方式等都变得更加多元化，而这些也对学生们的思维产生了影响。就国内情况而言，随着我国改革开放政策的深入，国内的市场经济制度已经趋于完善，但是在经济成分、就业方式、利益关系分配等方面也变得更加复杂。这导致部分学生出现了信念缺失、价值观扭曲等问题，同时缺少社会责任感、诚信意识淡薄、不愿意艰苦奋斗、缺少强大的心理承受能力等。总而言之，有的学生出现了精神危机、信仰危机，在思想上放松了对个人的要求等。这就要求人们要重视精神世界的成长，这些现象的背后表明了如果人们不重视精神世界的塑造，就会出现一系列的问题。人的发展和精神世界有着密切的内在联系，精神世界体现出了某种特殊的思想认知。重视精神世界的发展是人类社会的显著特征。以通识教育为例，在这种教育模式的指引之下，可以让学生们掌握人类社会的发展经验、价值观理念等，而这

也是学生们具备可持续发展能力的重要基础，在丰富精神世界的同时，学生们要养成自律的思想意识，要形成终身学习的理念。高校的思想政治教育工作也要坚持通识教育，关注新时期学生们的精神动态，尽可能满足学生们的精神生活，引导学生们产生积极的思想意识和正确的价值观，为学生的全面发展提供思想层面上的支持。

（三）坚持科学精神和人文精神教育的统一

人文主义以及科学主义好比汽车上的轮子，两者是密不可分的关系。对于科学精神的追求，其本质在于寻找真理，"向善向美"。科学精神以及技术是人文科学发展的物质基础以及现实基础，从价值层面的角度来看，人类的精神反过来又为科学技术的发展提供了意识形态基础，并在理论上提供了指引。假如学生们只具备科学精神和科学知识，却没有人文精神，缺乏人文素养，同样会导致误入歧途，比如社会上出现的高科技犯罪等都是典型的例子。在高校的思想政治教育方面，人本主义以及科学主义是相互协调相互结合的关系，二者能够互相促进。要突出人文精神的重要性，将大学生放在社会文化环境当中，以此来激发出学生的内在精神，从而帮助学生们应对心理健康问题。另外还要把教育的功能性以及美化心灵的作用结合在一起，这也体现出了教育的人性化。

第二节　建立产学研战略联盟

产学研合作是指企业、高等学校和科研机构三方从共同发展、优势互补、互利互惠的原则出发进行合作与交流。产学研合作教育是将高等院校、科研机构和企业的所有可用资源整合起来，采取课堂理论教学与校内外实践教学相结合的形式培养社会和企业所需要的应用型人才的一种教育模式[1]。

在产学研合作中教师是教育的实施主体，教师队伍的素质和能力对应用型人才培养目标的实现有着至关重要的作用。随着产学研合作的不断深入，建设一支理论知识扎实、实践经验丰富、适应产学研合作的教师队伍是新形势下高校师资队伍建设的重要内容。产学研战略联盟是高校、科研机构和企业之间实现互利共赢的新的发展形式，也是高校与产业界加深联系的重要通道，产学研三方合作目标的实现很大程度上依赖于产学研三方资源共享的实现以及资源共享的程度。人力资源是第一资源，物质资源和自然资源的开发和利用总是有限度的，只有人力

---

[1]　刘胜建.教师在产学研结合中的作用［J］.中国高校科技，2011（6）：27-28.

资源才能激发出无限的潜能。因此，应改革高校人事管理机制，打破高校师资管理机制的壁垒，全方位地推进产学研合作，从而有效推进教师教育创新改革，促进高等院校的发展。

一、产学研战略联盟的内涵

战略联盟其概念首先由 J. 霍普兰德（J.Hopland）和 R. 雷尼格尔（R.Nigel）提出，随后在管理界和产业界引起了广泛的讨论和重视。战略联盟也被认为是 20 世纪末以来最重要的组织创新形式。它是指两家或两家以上的组织机构为了实现既定目标，相互结合各自的组织形式和有效利用自身的优势建立起的一种同盟关系。它不同于公司的合并和收购，而是一种采用协议形式共同承担风险、共同分享利益的合作形式。

产学研合作发展到现在，暴露出了很多问题，如利益分配不均、知识产权归属、风险承担不明确等问题。为了形成产学研更加稳定的合作形式，实现共同发展、共同进步和共同受益的目标，产学研战略联盟应运而生。产学研战略联盟是一种全新的合作形式，是为了适应国家创新系统的发展，保持产学研各方长期的、稳定的、互惠的、共生的协作关系而产生的。

产学研战略联盟的目的是处理复杂的技术难题，为了维系产学研各方长期的合作关系，既要增强企业竞争力又要推动高校技术转换。这种方式能够促使不同层次的人才培养和人才管理机制的建立，实现长远利益和优势互补，解决最近创新成果在实际中的应用和检验问题，促进更多创新成果的产生和科技的快速发展，是一项战略性的组织变革。

随着科技创新的不断深化，研发技术的强度和风险都在增加，市场的竞争更加激烈，只有建立创新型组织并进行领先战略规划才能适应新形势的要求，才能在技术革新潮流中生存和壮大。产学研战略联盟是一种有效形式，它能保证高校和科研机构充分利用自身的优势资源，加强彼此的合作，构建技术创新平台，把握技术前沿。企业能够整合可以利用的各方资源，形成知识共享，进而降低创新风险和研发成本，提升企业核心竞争力，持续增强研发能力和成果转化能力。

在产学研战略联盟的促进下，高校也参与到市场竞争中，能够把研究水平提升到市场检验的高度。教学质量和目标也能够更加清晰，可以强化其服务社会的功能，从而促使高校提升自我。这不仅能够推动研究型高校向创业型高校迈进，而且能够完善应用型、创新型人才的培养。

在国家层面上，2008 年科技部、财政部等部门在《关于推动产业技术创新战略联盟构建的指导意见》中提出构建产业技术创新战略联盟，明确了由高校、企业和科研机构组成的战略联盟以提升产业技术创新能力为目标，并用法律约束力的契约形式保证知识产权明晰、风险和责任分配问题明确，从而形成了优势互补的联合开发创新合作组织。为保证这种组织形式长期稳定，要实现市场利益共分享，过程风险共担待。

综合以上国内外和政府部门对产学研战略联盟的理解，笔者认为产学研战略联盟是指企业、高校和科研机构为了达到加快科研技术成果转化、促进科技研发创新、共同获益的战略目标，高校、企业和科研机构结合自身优势，从共同利益出发，遵循共同承担风险、共同分享利益的原则，以契约或协议等为保障，实现资源共享的一种合作形式。

二、产学研战略联盟的特点

（一）战略性的联盟

产学研战略联盟是产学研三方为了在本行业中构建合作联盟而突破发展所形成的，所以这种合作方式更加深入和持久。为了在国家科技创新中发挥一定的作用，产学研三方将人员优势、物质资源优势、技术优势优化组合，从而能够提升联盟解决重大课题、完成关键性项目的能力，而这正是建设创新型国家的现实需要。这就决定了产学研战略联盟具有战略性的特点，它具有战略性、系统性的目标导向，是建设创新型国家的战略路径。

（二）多样的联盟形式

随着科研技术创新的深入开展，产学研战略联盟得到了广泛重视，联盟的形式也日趋多样化。联盟的形式主要可以归纳为四种：一是产学研各方的联合攻关，这种联合攻关往往以行业和区域内的重大科研项目为依托，产学研各方共同攻克关键技术和核心技术，从而促进新兴战略性产业、支柱产业和高技术产业的发展；二是产学研三方对有使用价值的新技术进行联合开发，联合建立行业创新平台、成果孵化基地、区域研发中心和虚拟创新网络平台等，使得科技成果产业化，形成服务社会的创新研发平台；三是联合建立股权式的创新型科技企业，这种形式的联盟也是市场改革的新方向，经过多年的发展形成了多家科技园区和产业集群，有助于提升高校知名度和产业的国际竞争力；四是产学研合作各方共建创新型人才培养基地，使得高层次创新人才能通过这种体系实现能力的提高。

（三）稳定的组织形式

产学研合作的发展，在产生很多问题的同时，对这方面法律的发展和完善也有一定的促进作用。因此，在现有法律和契约的规范与约束下，产学研战略联盟能够形成更加稳定的组织形式。

在我国，契约型产学研合作是最主要的法律约束方式，联盟成员间以合同或协议为法律约束，为了保障各主体间的责权，避免知识产权纠纷等问题，在这种约束中，明确了联盟的利益分配、风险承担、最终产权归属等事项，以保证联盟成果的合理分配和形成高效的组织管理模式。

（四）利益与风险并存

产学研战略联盟是有效降低交易成本、优化资源配置、提高创新效率的组织形式，要求成员之间实行利益共享、风险共担，这是产学研战略联盟的本质特征。产学研战略联盟在科研创新运用中会遇到技术风险，技术创新是一项复杂的高风险、高成本的工程，科技成果在市场中不能被接受会造成人力物力成本的损失；在科研过程和市场推广过程中，技术管理和人员管理都存在风险，一旦管理不善造成技术机密泄露，关键人员退出，整个工程将前功尽弃，损失严重；科研创新如果得不到政府和社会的信任，会造成信任风险；最后形成的知识产权若归属不明确，会造成知识产权风险等。

但是，基于三方的优势互补，产学研战略联盟能够合理地解决管理、技术和知识产权等风险问题。成员会尽全力实现各自的产学研合作目标，当技术转化为成果得到市场验证后，成员在承担风险的同时可以获得丰厚的回报，作为一种正反馈，联盟成员会在后续合作中保持这种模式，更加成熟地面对科研技术创新。经过一段时间建立了有效的管理和组织模式，战略联盟就能够获得持续性的发展动力，同时也能够获得长期的经济回报，战略联盟的这种特性可以加快科技成果的转化率，降低科技研发成本。同时，可以实现创新型人才的培养，形成联盟组织的创新文化，实现共赢的策略。

（五）广泛的合作边界

产学研战略联盟为了自身的发展会寻求多样化的资金来源，包括政府的专项经费与地方政府的配套经费、社会基金、企业的研究经费等。由于产学研战略联盟三方联系的日益紧密与合作程度的加深，合作的范围变得更加广泛，资金主体参与者更加多样化，涉及的组织结构类型也越来越多。带来的好处是各种合作项目相继出现，如大学科技园、共建研发实体和共建研究机构等。

随着不同学科互相交叉与融合，产学研三方合作的边界越来越广泛，学科链与产业链的结合更加紧密和复杂。随着民营经济的发展，很多联盟共同体也如雨后春笋般出现，产学研合作的边界与壁垒不断消解。在很多学科和产业中产生了更广泛的合作内容，使得人才、资源、信息形成网络式发展，研究范围更加广泛。

（六）互补的资源优势

协同学观点认为，一个系统有序运行的关键是组成系统的各个主体相互协同作用，实现结构和功能的有序性。产学研战略联盟是三个相关主体投入各自的优势资源共同进行技术开发的协同创新活动。首先，高校拥有高水平的研究理论基础和人才队伍。高校是专门从事教育的机构，其科研设备先进并拥有大批学术水平高、科研能力强的人员，高校是输出高水平人才和知识技术创新的第一基地。其次，企业是科技成果的生产者，企业为了满足市场需求而生产销售相应的产品，同时企业也是新科技的使用者，所以，企业拥有将科技成果商品化和产业化的能力。最后，科研机构能为企业提供研发资源和技术支持，因为它是应用性基础研究和产业共性技术研究的基地，是将科学理论和科技应用有效结合的组织。

可以看出，三种组织分别拥有人才资源优势、雄厚的资金优势和良好的实验环境。产学研应形成供应链型战略联盟，以增强各自的创新效率和竞争实力，从而实现优势资源的融合和互补。战略联盟中的产学研三方都具有其他组织所不具备的核心竞争力，因而形成的联合体既相互分工又相互协作，能形成创新共生体发挥竞争优势，相互弥补、相互吸引。

三、产学研战略联盟的要素构成

（一）主体要素

产学研战略联盟是产学研合作发展到一定阶段的高级组织形式，其主体要素是科学技术成果转化为生产力的直接参与者，即高校、科研机构和企业。他们是产学研结合中缺一不可的三类主体，这三类主体的角色各不相同：高校是创新知识、技术的主要来源和人才的主要输出者；科研机构是科学技术转化为生产力的创造者；企业是科技成果的生产者，是技术创新的主力军，是科学技术转化为生产力的实现者。但由于以上三类主体的目标是不同的，一个是以人才培养为主，一个是为了实现技术转化，另一个是以生产营利为目的，因此需要政府出面协调，因而，产学研结合的主体要素就包括高校、科研机构、企业、政府和其他机构。

1. 高校和科研机构

高校和科研机构是知识创新的核心，在产学研战略联盟中起到创新支撑的作用。高校的基础研究和行业的理论研究需要在市场中实际检验，这需要资金的投入和创新成果的转化。高校教师对知识创新有前瞻性研究，加之高校的人才优势和科研机构的技术环境，因此高校和科研机构能够建立优秀的师资队伍和科研队伍。这就为战略联盟提供了知识储备和创新成果基础，为国内外企业提供了多种形式的技术服务。

2. 企业

国内外知名企业尤为需要产学研战略联盟的平台，企业是创新平台的主导力量。它们为了满足市场需求，为了弥补自身人才资源的不足，为了降低研发成本和吸引优秀资源、人才，寻求多方合作。企业能利用自身信息资源，探寻市场需要，投入研发资金和申请合作项目，积极共建创新技术转化平台。在成果进入市场后，要将利润合理分配，共建研究机构和人才培养基地，以快速提升企业的市场竞争力，谋求最大效益。

3. 政府和其他机构

政府、金融公司、信息机构等其他组织在产学研战略联盟中也是不可或缺的，他们在外围参与联盟的风险投资、资金支持和信息服务等。在创建创新型国家中，政府给予行政服务并进行融资渠道建设，制定激励战略联盟的税收减免政策，为各种组织形式提供准确信息和快捷的配套服务。中介机构是知识扩散和转化的关键。通过金融机构、信息机构可以获取信息网络资源和寻找项目风险投资，为解决产学研创新和融资问题提供有效帮助。

（二）环境要素

产学研战略联盟的环境要素具体可以分为内部环境和外部环境。

1. 内部环境

内部环境是指高校、科研机构和企业间及其内部之间的相互作用。产学研战略联盟三方的文化背景和目标存在很多不同，各个组织的内部有自己的组织文化、资源环境和技术创新机制。这些内部要素的碰撞和作用形成了内部环境。

2. 外部环境

在系统外部，社会化创新机制、全球经济发展形式等都在大的范围内影响组织的创新活动。政府的政策导向牵引众多企业投资目标的转变，制度环境的改善可以吸引外界优秀科研人才的加入，高新技术的发展、法律法规的健全都是形成健康联盟的外界因素。外部环境还包括社会教育、经济发展程度、技术发展程度等。

（三）资源要素

产学研战略联盟就是高校、企业和科研机构整合现有资源、发挥自身竞争优势的创新组织形式。为了保证这个组织形式正常稳定地运行，需要对创新平台上的公共资源进行合理利用，包括人力资源、资金和信息资源、设施资源和政策资源。管理者应该合理分析这些资源要素，整合各种有利资源，充分发挥各方资源的作用，提高合作平台的效率和效益。

人力资源涉及从事科技研发创新的所有参与者，如高校中的科研人员、课题组成人员、团队成员；企业中的技术创新人员、生产者和服务人员。资金资源包括政府项目款项、企业研发投入、风险投资、银行贷款和重大项目资金。信息资源包括人才信息、市场信息和技术发展信息等。设施资源就是为了形成产学研合作的研究实体，企业、高校和科研机构提供的设备、仪器、计算机、电子平台、内部网络资源、办公系统和管理系统等。政策资源是政府部门和相关机构对合作联盟提供的政策支持、引导性规章和信息等。

四、产学研战略联盟师资的构建

在产学研战略联盟共建师资的起始阶段，主要内容是高等院校、企业和科研机构针对欲成立的组织目标的战略选择。为了完成这一工作，要实现的效果是达成战略一致。为了实现这一目标，我们需要从四个方面来努力。

（一）协调一致的发展目标

产学研师资发展中战略一致的实现，首先要从战略目标上达到统一，经过各方磋商，共同达成目标愿景。产学研师资发展中高校的目标是高校教师实践锻炼和科研能力的提升。高校师资发展的落脚点要落实到促进优秀人才的培养上。高校、企业和科研机构是不同的组织，有各自独立的组织目标，对于高校产学研合作中的师资发展目标，虽然其他两个机构不会投入很多精力，但是各方对各自人才的培养这个目的是不可否认的，因此，在实质上产学研师资发展的目标一致是可以达成的。

高等院校的主要职能就是培养人才和进行科学研究，最终服务社会。产学研战略联盟中的高校人才培养是为了培养适应社会发展需要的应用型人才，这对高校教师不仅在理论功底上提出了要求，同时也对其实践经验的积累有了更高的期待。但是在高校与高校的合作中教师并不能得到很多的实践经验，高校只有和企业、科研机构进行联合才能观察到社会需求和市场变化，从而培养出适应社会发展的应用型人才。企业虽然能够及时了解社会动态，发现社会需求和市场需求，但是其科研能力相比高校和科研机构是不足的，为了提高市场竞争力，企业要加强与高校和科研机构的合作。因此，在人才培养和服务社会的理念上，产学研战略联盟的目标是一致的。

（二）构建共有的组织文化

组织文化可以促使组织形成良好的组织氛围，增强团队凝聚力。在战略协调一致的实现过程中，共有组织文化的建设能够快速地将组织成员的意识统一起来。否则，在没有组织文化的前提下，组织成员的认同感不强，组织形式还是散乱无章的，因而不能够达到统一的战略目的。通过共有文化的构建，管理者可以号召组织成员追求更高的目标和专注于自身建设，消除消极因素的影响，从而协调高校、企业和科研机构的组织关系，形成三方共有的组织文化，加强相互之间的沟通协作、达到共赢的目的。

因为高校、企业和科研机构的组织形态不同，在合作初期，高校、企业和科研机构在价值观念、行为方式等方面会有差异。但是，经过一段时间的培养和努力构建，通过小团体的意识转换，通过不同途径的引导和培训，通过在工作中开展文化建设活动，高校、企业和科研机构内部会逐渐形成文化转换机制，这种文化转换机制会将产学研师资发展的核心价值观渗透和灌输进高校、企业和科研机构中，进而形成一致的价值观和组织文化。

（三）建立公平的利益分配机制

产学研合作共建师资是市场化的行为，在产学研合作的过程中，高校、企业和科研机构均想通过协商（博弈）使得自己的利益最大化，由此在利益分配上可能出现冲突。所以，建立公平的利益分配机制，能够在合作初始阶段就明确知识产权归属、利益分配方式，明确管理过程中的成本和风险承担者，从而通过协议或者合同的方式清晰列出。在法律监督和保障的前提下，三方公平地实施战略合作，将责、权、利尽可能地细化和明确，可以避免不必要的冲突。这种利益分配制度具有公平性和有效性，有利于在组织内部达成一致目标，有利于组织的长期持续发展，有利于保障各方的权益，增强科研人员、高校人员和企业员工参加合作的动力。

（四）构建畅通的信息沟通机制

从经济学角度来看，信息是一种重要的资源，在信息对等情况下，各种组织既能够知道一定的信息，又能知道其他组织了解这些信息的情况。这时候的交流才会公平，合作才会顺利进行。因此，沟通与信息交流是促进高校、企业和科研机构合作的基础，也能保障各方对合作的意图和目的有清晰的认识。

建立畅通的信息沟通机制既要加强产学研师资发展系统的内部沟通，也要通过外部信息机构获得有效帮助。同时，要重视有具体组织形式的信息沟通，如加强各方高层领导的联系，安排高校、企业和科研机构的专家互访和举办学术讲座、报告会等。在信息沟通形式上建立网络信息数据库被证明是较好的信息沟通形式，在内部网络中分析信息，能够提高信息传递的速度和信息查询的广度，也能保障重要信息不被其他机构利用，从而降低科技成果被窃取的风险。只有在建立完善的信息沟通机制后，产学研三方才能同时开展科技研发和转化。

在战略目标达成一致之后，高校、企业与科研机构统一了战略目标，协调好了各方利益和资源关系，建立了有效的沟通渠道，资源配备和管理方式这两个方面成为产学研师资发展的主要内容，主要需要注意以下几个方面。

1. 优化资源配置

资源有效配置的内涵是指高校、企业和科研机构针对资源实施方面进行的应用，通过协调高校、企业和科研机构这三个方面的资源管理关系，基于组织理论充分调动和使用，能够使资源配置和利用实现最大化。资源优化配置的基本方法是将高校、企业和科研机构这三方面独立的资源看成一个整体的系统，根据一个统一的目标实现资源的优化配置。

通过协调、重新配置和再加工可以组建一个高校、企业和科研机构三个方面都相互贯通、联系紧密的有机结构，以达到共同发展的目标。这样的资源配置，可以充分调动现有的资源，使整体利益能够发挥最大的效能，这不仅能够取得三方联合的效果，还能够取得 1+1>2 的资源利用效果。为了实现这一目标，具体的机制方法如下。

第一，建立产学研合作信息共享平台，保证资源共享渠道畅通。产学研合作是一个多方参与的合作过程，在这一合作过程中，信息的对等性显得非常重要。目前在产学研实际进程中，经常出现信息不够和信息不对称的问题。产学研的多方合作机制，导致各方资源分配不均并且信息沟通不畅的问题时有出现。例如，如果高校和企业、科研机构没有一个统一的基于共同合作目标的信息共享平台，那么就会大大提高选择合作对象的成本和风险。

因此，对于产学研合作来说，建立一个统一的信息交流共享平台是非常重要的。信息交流共享平台需要注意以下几点：首先，建立信息披露制度。信息的及时性和公开性是保证产学研各方相互交流的重要前提，这不仅仅基于各方的合作关系，并且还要求合作方彼此信任。其次，充分利用科技中介机构。在高校和科研机构这两方与企业一方中，科技中介机构是一个重要的沟通桥梁，通过科技中介机构，高校和科研机构的科技成果能够及时地被介绍到企业，而企业对应的需求和市场的反应也能够及时地反馈到高校和科研院所两方，这样就有效地将技术、人才、需求、产品有效地集合了起来。最后，政府需要建立开放的信息网络系统。在政府相关部门的带头下，能够借助互联网将各方资源信息收集起来，并能够及时传递给所需单位。通过对各方面数据和信息的收集，并对合作典型案例进行一定范围的推广，能够在一定程度上增加并提升产学研的合作机会和合作效率，使产学研各方面的资源要素实现更好的统一。

第二，建立产学研师资发展系统的要素整合机制。在协同学中，要素整合的概念是系统为了实现整体的协同目标，通过沟通联系，交流渗透等行为方式，将不同部分整合为一个统一协调的整体。要素整合的过程，可以提高整个系统的协同性。产学研师资发展系统要素整合的目标是将各方分散的资源，通过要素整合机制充分调动起来，完成师资发展系统的整体目标。

师资发展系统的要素整合是指对教师招聘、培养以及职称授予之间的业务整合，而这背后包括对人力资源、科研技术以及资金等要素的直接配置和整合。产学研师资发展的要素整合不仅仅需要以上几方面的资源整合，还应当包括对市场资源、信息资源和管理资源的共同协调与整合。要素整合需要注意由于系统各部门之间可能存在摩擦离散现象和效率低下的问题，因此需要保证师资发展系统的连通性和通畅性，提高系统内的运作效率，这样系统才能在各要素整合之后焕发出更大的整体功效，实现既定目标。

2. 选择有效的管理方式

对于产学研师资发展系统来说，管理的对象是高校、企业和科研机构，目标是通过建立有效的管理机制，打破高校、企业和科研机构之间的壁垒束缚，从而取得 1+1>2 的协同效应。针对管理方式选择方面，其实现机制包含以下几个要素。

第一，对教师队伍结构进行变革，建立完备的产学研教师聘任机制。现有教师的能力和素质已不能满足产学研的合作模式，因此为了提升产学研协同系统的整体效能，需要从两个方面对教师队伍结构进行变革。首先，增加有丰富实践经验的兼职教师的数量。在实际生产管理方面，企业有大量的具有丰富实践经验和宝贵知识的人才，他们了解市场的实际需求和生产方面的知识要求。通过聘请这部分人才到高校做兼职教师，可以大大提高人才的实践能力。其次，通过采取讲座和实习课程的方式，使他们参与到教学活动中去，他们的参与可以促进专职教师与兼职教师的交流，使彼此更好地了解社会信息，培养社会需要的人才，并且能够带动教师科研成果的发展。

第二，加强对兼职教师的培训，将部分兼职教师转变为专职教师。通过引进生产管理一线的高水平人才提升兼职教师的比例后，需要对兼职教师进行培训。这些在生产管理过程中累积了大量经验的一线人员，可能并不擅长指导学生和从事科研。因此有必要对兼职教师进行一定的培训，使之能够担负日常教学工作，并且了解科研过程中的具体事项。对于其中一部分既具有教学能力，又能够继续从事科研开发的兼职教师，可以将其吸纳为专职教师，这一部分专职教师能够对学校产学研的合作产生更加深远的影响。目前已经比较成熟的方式有："客座教授"制度、"访问工程师"制度、建立兼职教师信息库、建立专兼职教师互动交流平台等。

第三，鼓励教师到企业进行专业实践和增加培训，建立和发展高校教师培训系统。目前高校专职教师在实践能力和创新能力方面有一定的不足，针对这类问题，可以通过建立高校教师培训系统将其改善。鼓励教师到企业进行一定的实践实习，不仅可以将高校专业设置和教学内容安排等与企业用工单位进行衔接，还能够鼓励高校教师与企业人才进行合作，这对产学研人才发展具有重要意义。

从学校内部来说，可以积极安排教师参加各类培训。例如岗位培训、教师业务培训等。通过引进一些企业内具有丰富实践经验和操作知识的高级技术人员，对教师技能技术进行培训，这对于在校园内建立一个良性的创新环境和教学与实践相结合的氛围有很大好处。

从企业方面来说，高校可以利用挂职培养的方式，鼓励教师到企业去进行实习，以项目参与的方式亲身参与到产品的开发和研究过程中，这样教师能够更好地明确专业发展趋势和社会市场需求，从而及时地反映到教学过程中去。

从科研机构方面来说，要增加彼此之间的人才流动，增加合作交流的机会。高校要通过对科研机构方面信息的及时掌握，鼓励教师积极参与科技创新活动，并建立一定鼓励机制，进行联合科研项目开发等工作，提高高校创新能力，提升教师推广和应用新技术的实际操作能力。

高校、企业和科研机构合作共建高校师资是一个需要长期坚持的过程，需要高校、企业与科研机构不断深入地研究和相互作用以达到平衡。高校、企业与科研机构只有对前一阶段形成的成果进行深入探讨，并进行持续稳定的合作才能使科技成果更加具有深度和增强市场适应能力。

第三节 构建国际化培养模式

高等教育国际化是经济全球化、一体化的发展趋势，也是高等教育自身发展的需求所在。高等教育国际化首先要做到师资队伍国际化，师资队伍国际化是建设世界一流大学的必然选择，直接影响着高等教育的整体水平，是高校跨越式发展的驱动力，有助于提高其核心竞争力和凝聚力。一所大学必须首先具备一流的师资，才能培养出一流的人才。建设创新型国家和经济的国际化发展需要培养具有国际视野、熟悉国际惯例的国际化人才。

高等院校是人才培养的基地，而师资队伍是人才培养的主体。培养国际型人才必然需要先进的国际化师资队伍，这不仅是"人才强国"战略的核心因素，也是其根本保障。高等教育国际化不能只强调学生在国家之间的流动，更应该着重于教师和研究人员的交流和互换。培养一支具有国际视野、国际观念和意识，具有国际教育背景和跨文化教育背景的多元化、多民族化的国际化教师队伍是高校发展的必要的战略选择。因此，必须积极推进我国高校的师资队伍国际化进程，构建国际化培养模式。

一、师资队伍国际化的科学内涵

一些相关文献都曾涉及师资队伍国际化的本质和内涵，但说法不一。结合前人的研究，笔者认为比较合理的界定是，师资队伍的国际化包含四种基本要素——人员结构国际化、知识文化结构国际化、经历学源结构国际化、人员交流结构国际化，这四种要素综合起来，统一构成了师资队伍的国际化。

（一）人员结构国际化

人员结构国际化是指师资队伍的人员构成应达到国际化标准，高校的教师和管理人员不仅来自国内高水平大学，还应包括具有国际教育背景的来自不同国家和地区的高层次人才，本土和外来人员的比例因学科或专业而有所不同。

（二）知识文化结构国际化

知识文化结构国际化是指高校的教师和管理人员所拥有的教育理念、知识文化以及技术方法应当符合国际化标准，具有通用性、开放性、交流性和创新性等特征。

（三）经历学源结构国际化

经历学源结构国际化是指高校的教师和管理人员无论在就读院校、所学专业还是社会实践经历等方面所形成的类型、层次、比例分布的结构应达到国际化标准。

（四）人员交流结构国际化

人员交流结构国际化是指高校的教师和管理人员参与国际合作交流活动的数量、质量、层次、布局等方面的结构符合国际化要求，师资队伍的交流不局限于一些固定的国家、地区或长期合作的几所大学，应当充分实现多元化、多层次以及多渠道的国际化交流。

二、国外高校师资队伍国际化培养模式现状

（一）美国高校师资队伍国际化培养现状

1.美国高校广泛、公开接纳国外优秀师资

为了提高教育竞争力，提高教学质量和科研学术水平，美国高校形成了广泛、公开接纳国外优秀师资的国际化氛围，宾夕法尼亚大学在其战略规划中指出：一所主要的国际性研究型大学必须把最大的重点放在建立、加强和留住世界一流的师资上。以高水平国际人才引进为主的师资队伍国际化培养模式保障了其师资队伍国际化的高水平。

1946年，参议员威廉·富布赖特提出了富布赖特计划，支持国外学者来美国从事研究工作，这个项目是美国官方著名的国际教育项目，旨在加强与其他国家的相互了解。在这个目标的引领下，富布赖特项目已经为310 000名学术研究能力卓著、领导才能突出的参与者提供了机会，他们到对方国家进行教学、思想交流，协力解决共同面对的问题。

2.加强高校师资的国际化交流

美国高校在师资队伍国际化培养进程中重视师资的国际化交流，为教师的专业拓展创造各种机会，开阔了教师的国际视野，引进了先进的科学理论和意识形态。王英杰指出："美国熔英格兰、苏格兰、法国和德国大学的经验于一炉，在此基础上不断创新，不断适应美国政治经济的发展，终于形成了独具特色的美国高等教育制度。"[①] 由此可见，美国高校教师在进行国际交流、自我提高的同时，也引入了国外先进的教育理念和研究方法，树立了国际意识、强化了国际理念、开阔了国际视野，促进了师资队伍国际化的发展。

① 张村民.高校辅导员开展大学生就业指导工作路径探究［J］.河南农业，2021（24）：13-14.

3. 先进、合理的师资管理机制

（1）合理的激励、约束机制

为了稳定师资队伍和引进高素质国际人才，美国高校构建了较完善的激励体制，丰厚的薪酬待遇、开放的文化氛围、自由的学术环境、良好的福利保障满足了大部分教师的需求，激励着教师的自我专业发展。激励的同时也带来了约束，美国师资管理（非升即走）的淘汰机制对教师的晋升时间做了明确的规定。

（2）明确的责任和考核制度

唐纳德·肯尼迪在《学术责任》一书中对高校教师的责任进行了阐释，包括培养方面、指导方面、服务方面、教学方面和研究方面的责任。美国高校均设立了教师评估委员会，针对高校教师的学术能力、科研成果、教学水平及服务性工作制定了严格的考评制度。

（3）建立教师发展组织机构

为帮助教师开展职业发展规划，美国设立了针对教师发展的组织机构和基金会，并提供相关资源来推动教师个人的发展。由于不同时期的教师面对的发展问题不尽相同，教师发展组织机构依据教师的类型、发展需要的不同对项目活动进行细分，使项目活动的针对性更强，能更有力地解决高校教师面临的发展问题，把促进教师专业发展作为提升高校师资队伍水平的重要举措。

（二）日本高校师资队伍国际化培养模式特征

1. 日本高校师资队伍国际化政策

2005 年 9 月，《文部科学省的国际战略》中指出"将各部局分别管辖、个别决定的国际业务政策措施，统一为国际战略，作为今后开展国际业务的方针"[①]，国际化提升到了"国际战略的高度"，并被纳入日本的总体发展战略。

2. 日本高校师资队伍国际化培养模式特点

在日本高校师资队伍国际化发展历程中，在市场战略的引导下，在日本办学的美国学校凭借着自己丰富的经验、完善的师资体系、雄厚的教育资源、优秀的科研成果，给日本本土高校师资队伍国际化带来了先进的发展理念和思想，促进了教师的流动和发展。

研究生院的改革：进一步充实研究生院，加强教师的流动性，加大优秀科技

[①] 康亚璇，康建波，李志军.高校辅导员焦点解决式线上就业指导新模式探索［J］.创新创业理论研究与实践，2021，4（2）：152-154.

人才的引进力度，以基础研究为中心，推进学术研究，培养高水平的研究和专业技术人员，使之成为向世界提供先进研究成果的主要力量。

增加外籍教师的聘用名额，吸纳、改革、完善国外研究者的体制，加大国际型人才的引进力度，提高日语在国际的普及度，加强教师语言培训，派遣教师到国外教学和从事研究等一系列人事改革方案的实施，开阔了教师的国际视野，引进了先进的教育理念、教学方法和学术思想等，促进了日本高校师资队伍的国际化建设。

日本为了培养优秀的国际人才，提高涉外人员的水平，设置了与国际化有关的学科、组织和科研机构，进一步推动了国际学术交流，也培养了一支视野广阔、具有创新精神的高水平国际化师资队伍。

（三）美国、日本高校师资队伍国际化培养模式的共同特征

1. 国际性、开放性

从美国、日本高校国际化师资队伍的组成看，大量国际优秀人才并存；专职、兼职相结合的师资队伍，处于流动状态的师资比例，增强了师资队伍的活力，反映了其国际化水平及开放程度。

2. 稳定性、发展性

采用一系列管理办法，吸引和稳定师资队伍中的高水平国际人才，保证师资队伍中核心部分的稳定性。制定一系列教师培养政策，鼓励教师参与国际化学术交流、留学培训，提高教师的专业能力和国际化水平，促进师资全面发展。

3. 公开性、择优性

为了保证师资队伍的国际化水平，美国、日本在教师的聘任上，一般都明确不招聘本校应届毕业生做教师，公开在世界范围内招聘，采用一系列严格的筛选程序，保证了聘用人员的质量和水平，活跃了文化氛围。构建科学的师资考核、评估指标体系和机制，与教师的去留、职称及待遇相联系，促进教师教学、科研和社会服务水平不断提高。

三、国内高水平大学师资队伍国际化培养现状

高等教育国际化是21世纪经济全球化及现代科技发展的产物，受到全世界高校的重视。师资队伍国际化作为高等教育国际化的核心部分，担当着培养高素质国际人才的职责，既是世界一流大学的战略目标，也是我国高等教育国际化的根本保障。"高水平大学"通常指拥有高水平的师资队伍，能够创造原创研究成果、培养创新型人才的大学，代表着我国高等教育的最高水平，也是我国从国家

发展的战略高度大力推进世界一流大学建设的领头羊，是体现我国高等教育核心竞争力的中流砥柱。

（一）国内高水平大学师资队伍国际化取得的成绩

1.师资队伍中外籍专家、学者和具有境外文化背景的教师比例上升

随着我国教育强国战略的实施，对外开放的进一步深入，社会经济的高速发展，综合国力的增强，我国高等教育的国际影响力和国际竞争力也大幅提高，吸引了大量留学归国人员和具有国际影响力的专家学者参与到我国高水平大学的教学和科研工作中。

2.鼓励、支持教师赴国外深造、交流，国际化活动广泛

在大力引进国际高层次专家学者、提高师资队伍国际化水平的同时，我国政府和高水平大学特别重视教师人力资源开发与培养机制建设，坚持以能力建设为核心，建立并完善面向各层次教师的海外培训体系，拓宽出国留学进修渠道，通过国家留学基金委的公派留学项目和各高校的留学项目相结合加大师资海外深造的力度。随着我国高水平大学凝聚力、竞争力的增强，国际影响力的提升，国际学术交流及合作项目明显增多，国际合作更加密切，国内外学术交流更加广泛。

例如，东北大学与世界36个国家中的235所大学、研究机构开展合作，积极引进海外人才，每年都会聘请300多位海外教授到校进行交流合作，提升教师的专业化能力、培养教师的国际化视野。山东大学经常举办高水平、高规格的国际会议，与世界名校进行重点项目合作，搭建众多国际化研究平台，拥有200多名外籍教师，10位以上国际顶尖级科学家，专任教师中有过留学经历的教师比例超过50%。兰州大学拥有来自亚洲、美洲、欧洲、非洲和大洋洲的合作伙伴，2014年至2018年这五年间，接待访学外宾共7 600多人，参加国际学术会议交流、项目合作研究的教职工约为3 200人，在乌兹别克斯坦和哈萨克斯坦都建立了孔子学院。郑州大学是首批"国际化示范学院试点单位"之一，与世界41个国家中的205所高校建立了长期稳定的合作关系，开展了9个中外办学项目，在印度设有孔子学院，在美国设有孔子学堂。武汉大学的国际化交流程度较高，具有较高的国际声誉，与世界45个国家的415所大学和科研机构开展了交流与合作。

在新的时代背景下，武大倡议培养国际型人才，积极搭建各种国际化交流平台。湖南大学在海外设有学生实习基地，与国外160多所高校、科研机构开展交流合作，

在美国、加拿大、韩国三个国家分别设有孔子学院。四川大学实施的是高端国际化教育，与世界 34 个国家的 268 所高校、科研机构长期合作，大量引进国际顶尖人才，借鉴世界一流大学的教学评估方式，建立了多个国际科研交流中心。

（二）我国高水平大学师资队伍国际化的发展趋势

随着人才强国战略和科教兴国战略的深入实施，我国通过"985"工程、"211"工程、"双一流"建设等战略项目的持续推动，不断促进师资队伍的国际化建设，师资队伍建设在观念、规模、水平和结构上取得了巨大的成绩。但与国际一流大学师资队伍的国际化水平相比依然存在着很大的差距，我国高水平大学在师资队伍国际化培养道路上依旧要立足未来、深入探索、稳步推进，努力提高师资队伍的国际化水平。

1. 逐渐由重视发展数量转变为严把质量关

我国高水平大学在师资队伍国际化培养的国际人才引进方面取得了很好的成绩，国外学者担任专职、兼职教授进行长期和短期教学，科研交流在数量上有了很大的提高……但是国际顶尖人才和大师级的学者仍相对匮乏。引进人才是高校师资队伍国际化培养的捷径，不但优化了师资队伍的结构，而且提高了师资队伍的国际化水平，把引进人才的质量放在"引智"工作的第一位，对切实、大力提高师资队伍的国际化水平有深远的意义。高水平大学在师资队伍建设中鼓励教师出国参加访学研修、学术会议、合作研究、讲学等学术交流活动，形成了教师不同职业生涯发展阶段需求的专业化发展体系，提高了教师的国际化水平，但与世界一流高校的合作还不是很密切，世界一流的学术研究会议参与较少。推进教师的专业发展，提高其创新力是提高高校学术水平的根本前提，也是加强国际交流的根本保障。

2. 树立国际意识、国际观念，倡导多元化、多民族化的文化结构

"吸引"与"培养"是高水平大学师资队伍国际化建设的直接方式，从流程上看，这两种方式都是单向的，单向的大学师资队伍国际化建设方式在特定的情况下是必要的，也是有效的。单向的师资流动方式索取得多，贡献得少，一味学习国外的先进教育理念、教育方法和学术思想，却不能形成双向交流、平等对话的作用机制，具有一定的局限性，限制了师资队伍国际化的发展。所以，在高水平大学师资队伍国际化建设中，要树立国际意识、国际观念，在国际学术交流会议、国际合作项目和国际教育资源共享中寻找"对话"契机，加强培养发现问题、提出问题、贡献思想的精神，实现自我超越与创新。尊重各种文化差异、文化背

景，崇尚多元化、多民族化的文化结构，增强外语应用能力，提高文化素养，理解国际社会，关心和包容异国文化，强调知识交叉、互融，承认真理，真正意义上接触国际文化，实现深度的跨文化对话、交流和管理，切实提升师资队伍的国际交流能力和跨文化交流水平。

3. 加强汉语国际推广，传播中国优秀文化

跨国界、跨文化是国际化的内涵，语言的多样性是跨文化的主要体现，多种文化的接触、冲撞和交融构成了文化的多样化，语言本身的工具性标志着语言的输出与推广是一种标准的建立，语言的国际推广既是一个国家"硬实力"的体现，又代表着教育的国际化水平。汉语是我国的传统文化，推动汉语对外传播，有利于传播优秀的中华传统文化，有利于清除国际交流、学术探讨及项目合作的语言障碍，提高我国高校的国际影响力。

四、积极构建师资队伍国际化培养模式

（一）培养教师全员国际化理念

从世界范围内来看，凡是知名的一流大学都坚持国际化的教育方式，而知名大学的师资力量非常强大，因此这些学校能够从经济全球化的视角对经济全球化的问题展开探究，国内的清华大学以及北京大学具备较高的国际化水平，因此能够用国际化的视角理解目前的教育改革措施。分析高等教育的发展前景，可以优化学校的办学理念、战略目标规划等。以清华大学为例，其正在实施国际校园建设活动，这种行为能够当作其他高等院校发展的参考。要想提升教师们的国际化理念，可以从以下几个方面着手。

第一，在大学当中宣传国际化理念，按照以人为本的思想培养具有国际化眼光的人才。

第二，要根据我国的具体国情以及大学的发展方向制定出国际化战略，大学内部的行政管理人员要充分认识到大学国际化的紧迫性，并按照引进来和自主培育的战略同步发展，以世界上知名大学的发展动态为参考。大学应强化国际化建设的宣传活动，在管理层要达成共识，并且这种思想理念应在整个校园内宣传，这样国际化的理念才能够得到人们的认可。

从教师的角度来看，要与先进的教学机构以及国际上著名的院校加强合作，选择热点问题进行研究，以此来提升学术研究能力。比如参与不同级别的国际学术会议，在国际知名期刊任职编委等，充实个人的精神世界并持续地积攒实践经

验。比如大学的英语教师可以在国际交流、扩大学校影响力方面发挥出英语能力的优势。而普通教师也要提升个人的英语水平，在听、说、读、写等方面进行强化，减少语言上的障碍。

（二）加大国际人才引进力度，优化师资结构

打破传统人才引进的常规，有计划性、有针对性地引进海外优秀人才，聘请世界知名学者来校讲学、开课、从事教学科研工作是优化师资结构，快速推进师资队伍国际化发展的最直接、有效的途径。这些人才具有在世界名校任教、搞科研的经历，有助于带领学校师资队伍建设走向国际化，促进国际前沿的学术理念和科研方法融入高校，提高教学团队的整体教学水平和科技研发能力，同时能帮助在校学生拓展学术视野，共享国际优质高等教育资源。在引进过程中，应在大数据分析的结果指导下，根据自身层次与需求，结合高水平大学的发展要求合理引进，避免盲目引进人才，或者因自身条件等诸多因素的限制而不能为这些高层次人才提供适宜的发展平台，造成人力资源的浪费。高校应力求做到人员结构合理、学术方向互补、学科特色鲜明。

（三）注重教师的国际化培养，提高教师的学术水平

由于一些客观原因的限制，可能无法面向全球招聘一流的大师，但可以从实际出发，逐步实现自主培养，做好校内人才与引进人才的平衡衔接。目前国内也已经具备了很好的条件，对于一般的学科带头人，可以立足于国内培养，但对于那些高层次人才，尤其是可以主导学科发展潮流的人才，我们可以采用联合培养的模式，与国外一流大学建立联系，或者直接将其送到国外一流大学去学习，使他们在国际学术前沿领域成长，以造就更多的学术大师。鼓励中青年学术骨干出国研修，积极支持教师在国际学术机构、研究机构中任职和在国际刊物上发表文章，不断提高教师的国际化水平。加大对外交流，扩大国际影响。坚持引育并举，"派出去"和"引进来"的国际人才交流，可以使现有的师资队伍进行知识更新，使国内外的学术交流进行有效的信息互换，实现优势互补，提高整体的教学科研水平，形成以高层次人才为核心的高水平创新团队、教学团队。

（四）构建国际交流的平台，培育国际化环境

大学要将国际化当作学校的办学特点，搭建出国际化合作交流的平台，从外部营造出多层次的国际化环境，比如引进国外的投资、共同建设教育资源、实现项目合作、提升社会服务的能力等，充分利用外部环境的优势来办学。从内部角

度来看，可以鼓励教师们多交流、进行学术合作，提升内部环境的活跃性，以国际化为导向对高等院校的发展新动向进行分析，应用国际化的标准评估学校的教学质量，使教师全方位融入国际化教育环境中。

高校师资队伍的国际化建设决定着高校的教育竞争力，应完善"创新机制引进人才、搭建平台使用人才、加强交流培养人才"的师资队伍建设机制，分层次、分梯度、分学科、分类别，全力造就一支业务精湛、结构合理、特色鲜明、充满活力的国际化师资队伍，为高校的现代化发展发挥支撑、引领和服务作用。

第四节　加快"双师型"教师培养的步伐

我国教育部门以及国家发改委在 2015 年 10 月 21 日共同对外发布了《关于推动本科高校向应用型转变的实施意见》，这份文件是针对辽宁省在推动本科高校转变方面的指导性文件，文件指出要从培养应用型人才的需求出发，提高教师们的教学能力，加强应用型教师队伍的建设工作，根据培养人才的方向与需求，提升教师的教学水平，通过健全教师队伍的培训管理模式，为提升教学品质打下基础。可以和优秀的外校教师进行交流合作，学校还可以聘请优质教师在学校任职。同时还要和企业等外界部门密切合作，提高教师的教学能力，指导教师们和企业的技术人员进行深入的沟通与交流，既要提升教师的教学水平，又要注重学生的实践操作能力，强化"双师型"教师的培养工作，让教师能够了解目前社会上最先进的工业技术，从而掌握行业的发展动态。通过科研活动来提升教学能力，将这种培养方式固定下来，形成制度。实际上，教师的教学能力是人才培养质量的关键性影响因素，因此教师要有丰富的理论知识，同时还要有实践能力，这样才能指导学生的学习活动和实践活动。

一、"双师型"教师的内涵与外延

（一）"双师型"教师的内涵

人们在"双师型"教师的理解和认知上存在较大的分歧，这是由于在理论界"双师型"教师属于新的概念并未形成统一的定义，以下内容将从多个方面对"双师型"教师的概念进行解读。

一是关于双职称的理论，认可这种看法的学者提出，教师要满足以下两个要求才能达到"双师型"的标准，一是要有教授的身份，二是要有高级工程师的身份。

二是双素质理论，也被叫作双能理论，赞成这一看法的学者提出，教师要具备专业知识以及理论储备，同时还要有技术人员所具备的基本素质和技能。除此以外，按照这种教师的标准，教师不只是单纯地将教师的教学水平和技术人员的专业水平相结合，还需要将所学的专业知识和技能融汇到一起，变成教师以及学生可以理解的知识以及语言，这样学生们就能够获得简单明了的知识技巧。

三是"双证"理论，认同这种观点的学者提出，技能型教师通常要具备相关岗位的任职证书，比如既要有教师资格证书，还要有工程师资格证书。虽然强调了证书的重要性，但这种看法，并不能够使教师们真正地具备与专业证书相匹配的技能水平。执业资格证书主要是由社会保障部门发布的证书，是对证书持有人的认可。在上岗以前，只需要将证书拿出，就能够确定教师是否具备"双师型"教师的能力。

四是"叠加"理论。这种理论综合了"双证理论"与"双能理论"。要求教师们既要具备基础的技能，又要获取多种证书。目前高职教育的人才培养评价以及指标体系当中，也针对双师型教师给出了明确的定义，定义的内容是"双师型"教师既要具备教师资格，可以承担学校的教学工作，同时在校外存在兼职行为。这种观点强调教师要有技能证书可以证明个人的技术能力，并且要在技术应用及教学实践方面拥有相关的经验。

五是"双层次"理论。同意该看法的专家认为"双师型"教师应具备传授专业知识的能力，并且能够在技术上给予学生们相应的指导，同时还要引导学生们树立正确的人生观、提升职业道德素养。

六是"一证一职"理论。这部分学者认为，"双师型"的教师要有专业技术资格，并具备相应的专业技能。比如有的教师在学校任教，具备教师资格证书，在外兼职，具备高级技术职称。

对以上理论进行总结可知，"双师型"教师的标准是，教师们既有相关理论基础，同时也具备教学能力，拥有专业技能认定证书，在科研实践当中具备实践能力。

（二）"双师型"教师的外延

对"双师型"教师的内涵进行延展，主要包含两个层面：首先，打造出优秀的教师团队，这些教师具备行业从业资格，但是主要的工作场景以学校为主，主要是从事教育教学工作，在其他时间则是参加企业的实践。其次，从企业以及行业当中聘请具备资格证书的兼职教师，这些教师的工作重心并不在学校，这部分教师的管理只能通过学校的评价来进行。从有关数据可以看出，美国的社区大学当中有大量的兼职教师，而加拿大的社区大学当中，有 80% 的学校都聘请有兼职教师。出现这种情况的原因和当地的社会发展情况有关，当地的经济发达，很多课程具备良好的实践性，所以必须要由经验丰富的教师来教授。兼职老师长期参与生产实践活动，积累了大量的实践经验，所以兼职教师将会是高等院校不可或缺的教师力量。

二、制定"双师型"教师队伍建设整体规划

构建出"双师型"教师团队需要付出大量的时间和精力，要转变过去的传统思路，学校要根据实际教学状况，制订出教师团队的培养方案，督促各部门给予支持，并制定配套的管理措施。

（一）国家做好教师队伍建设的顶层设计

我国政府已经规定并明确了地方本科院校的转型发展任务、思路以及步骤，但是没有实施顶层设计，然而这也是院校转型的核心部分。政府是主导地方院校转型发展的主导力量，因此国家要从顶层设计上入手，明确地方院校的改革目标以及方向，将打造出"双师型"教师团队当作改革的重要目标，并明确改革的思路、方式以及保障措施。

政府要制定与之配套的政策以及优惠方案，引导地方政府、企业、学校努力参与到院校转型活动中来。学校积极推动师资改革的，政府要给予充分的肯定和认可，同时对地方高校的师资力量改革方向进行总体规划，并提出解决问题的方案。在政策以及资金上给予一定的支持，选择改革经验丰富的学校作为试点对外推广，尤其是我国的高职高专院校，在培养"双师型"教师力量上有着丰富的实践经验，值得本科院校学习。比如 2006 年、2011 年教育部联合财政部针对高职院校的师资力量进行了升级，财政部发放 32 亿元，进行了全方位的覆盖。2016 年，"十三五"规划对高职高专的教师力量进行了优化，在高职高专院校内推动"双师型"教师团队的建设，培养出了学科带头人，并提升了师资力量的专业化程度，而这些政策为地方高校的师资力量提升带来了参考。

同时政府也要强化市场准入体系的设计与监督，在选择转型试点学校时，要避免一些学校并没有将转型发展当作目的，而只是将转型发展当作手段来谋取政策利益。已经完成审核的地方本科院校，当地的政府以及教育部门要进行监督，对学校的转型人才培养进度进行监督评估。从制度以及门槛方面制定出转型的标准，指导地方院校的师资力量改革活动。

（二）高校"双师型"教师队伍建设的对策

1. 转变理念，合理培养"双师型"教师

从长远角度来看，地方院校的转型是为了实现应用型人才的培养，这也是未来地方院校转型的大方向。应用型高等院校与就业以及生活密切相关，而普通的大学，以知识教育为主，双方是不可或缺的，是我国高等教育体系当中非常重要的组成部分。高等院校的功能是培养人才，服务于地方经济发展，国内的地方院校转型并不能操之过急，简单的调整达不到效果，必须进行系统化的革新。推动大学的创新型变革，就需要在发展目标标准等方面进行准确的把握，政府各部门要通力合作，还要有社会各界的参与，充分调动地方院校的工作热情。这是推动大学转型的关键因素，也是优化教师团队的先决条件。

首先学校的教育理念要持续地更新，地方院校需要转变传统的办学思路，并对目前的教学模式进行优化，传统的高大上办学思路一定要调整，不能排斥职业教育并认识到技术教育的重要意义。采用产学研相融合的方式优化理论基础，使人才培养与社会的需求相接轨，将理论知识以及实践操作技能融合。教学理念应坚持以学生为主体的原则，提升学生们自主学习的水平，激发学生们的创新精神。转变了教学模式以后，传统的死记硬背学习方式也要摒弃，这种方式不能为学生带来效果；在教师的评价考核等领域也要做出转变，提升教师的实践操作水平。

其次要求学校明确人才培养的目标以及定位，结合国内外现有的学校管理经验，确定"双师型"教师的培养方案。学校与地方企业进行深度合作，扩展合作的范围，增加与技术人员交流的机会，突出地方院校的办学特色，实现共同发展。

地方院校的"双师型"教师力量改革需要长期坚持下去，队伍的转变并不是一朝一夕就能完成的，需要经过一段时间的适应。各高校要根据学校的办学条件，探索出合理的转型道路。学校可制定出可行性较高的培养方案，明确各项培养指标并严格执行到位，根据发展阶段制定出短期、长期的发展目标，并分解成详细的工作流程，在内容层面上制定出合理的评价体系，为教师的职业生涯发展提供指导以及形成全方位多角度的评价体系。对于教师的培训活动不能忽视，可以采取在职培训脱产学习的方式，既要重视短期培训同时也要采取系统化的长期培训，通过对教师的培训，强化教师们的专业教学能力。

2. 拓宽"双师型"教师队伍渠道，优化师资结构

首先要拓宽"双师型"教师队伍渠道，只有将大学的专业教师与社会的人力资源相结合，才能培养出一支既有专业技能又有理论知识的人才团队。学校对于人才的评价标准要进行调整，关注问题解决能力，构建出合理的选拔标准和技术规范，为推动教师的全面发展营造良好的环境。拓宽教师力量的引进渠道，提升专业素养和职业素养的匹配度，以此来适应经济发展的新环境。

其次，优化师资力量结构。如何构建出高效的师资团队，是培养应用型人才的核心问题。在理论及实践教学方面，教师们都要具备良好的思想品行及科研能力。从某种程度上来看，"双师型"教师结合了理论和实践经验，所以教师们既要有理论知识储备，同时也要有教学技能和实践经验。应用型人才的培养必须注重提升学生们的实践操作能力，对于教师而言同样如此，教师们要具备创造性的思维，熟练地操作各项设备，在工作上也要拥有良好的工作热情。所以，建议引进年轻的教师，这是地方院校可以采取的常见措施。

3. 大力提升"双师型"教师的专业技能

①整合优化学校内外部的实践资源。采取委托培养的方式，将教师分配到企业开展实习活动，这样能够提升教师的实际操作能力，推动学校的课程改革活动。另外在行业内挑选拥有丰富经验的专家在学校担任教师职位。促进企业的技术人员与学校教师的交流与沟通。学校必须提前制订出分配方案，有针对性地分配，教师前往社会各领域积累实践经验，增强个人的专业技能。比如在寒假以及暑假的时候，指导教师去有关行业了解行业信息，这样对行业的发展和现状能有一个全面的了解，进而更好地将理论知识与实际工作相结合，提升教师们的个人素养。

②制定出年轻教师的培养途径。学校可以通过开展职业资格证的培训工作，指导青年教师合理规划个人职业生涯，举办公开授课技能比赛活动等方式，提升教师的专业水平。在每学期选择优秀教师前往知名大学考察学习，持续提升学校的师资力量。

③指导学生及教师前往同一企业进行学习，推动产学研的发展。在第1线学习能够掌握产业的最新状况，可在假期安排教师和学生们前往企业，具体是通过上岗操作等锻炼学生们的实际操作技能。学校还可邀请具备丰富经验的技术人员和学校的教师学生进行亲密的互动，将理论和实际操作有机结合起来。

④重视实践基地以及实践课程的建设与开发，各地方院校要有步骤地将教师送到有关部门接受培训，邀请专业技术人员指导教师的实践学习活动。

4.构建"双师型"教师评价激励机制

①加强对教师的考核以及制定激励管理制度，使教师们具有更加积极的主动性。想要从本质上解决师资队伍建设的问题，就必须构建出具备持续发展能力的"双师型"教师团队，必须从教师队伍的建设、教学管理等方面入手，不断改进和优化，最重要的方法就是确定培养的渠道以及范围。在评价制度上进行优化，首先是运用分级管理方式，指导教师们提升转型的自觉性，进行专业资格认定，并确定"双师型"教师的比例和培养的方案，后期进行职称评定，建立专门的"双师型"教师培训基金，与企业等共同开展校企合作项目。

②建立一套有效的考核与激励并重的工作模式，激发教师的创新精神。从管理学的角度来看激励活动，是为了激发出人们的工作动机，并按照制定的目标开展各项工作。激励活动可以调动人们的主观能动性，达到相应的目的。在教育学理论当中增强教师的学习动力是值得探讨的问题，同时要充分激发地方大学教师的主动性，以培养出大量的实用性人才。教学质量的提升对于培养应用型人才有重大的意义，因此在实践方面可以对教师进行分级管理并制定出教师管理的相关制度。对那些在实践教学研究等领域做出突出贡献的教师，要给予奖励，对于那些前往外国学校学习的教师要给予一定的资助，这样才能够营造出积极的教师竞争氛围[1]。

第五节　优化高校教师分类管理模式

国内的教育规模在不断扩大，对高校教师的要求也在不断提升，庞大的专职师资队伍是高等教育顺利实施的重要保障。虽然教师们为教育事业做出了巨大贡献，但仍然存在着管理方面的问题，在这种情况下对于大学教师实行分级管理，一方面优化了教师管理制度，另一方面也能够促进教师专业化程度的提高，提升教师们的整体素质。在新的形势下，分级管理是提升人才培养质量的必然选择。针对学校的人事管理活动提出了分类管理的新模式，按照这种思想进行人员管理的改革，将人事管理逐步由身份管理过渡到岗位的管理，将综合性的管理转型为差异性管理，以有利于实现高校管理的创新。加强教师的分类是提升教师综合品质的关键。针对不同类型的岗位要提出有针对性的规定，这可以为管理实践活动带来可操作性的方案。

---

① 桂舟，张淑谦，罗元诺，等.大学生职业发展与就业指导［M］.北京：清华大学出版社，2018.

一、高校教师分类管理的概念界定

对大学教师进行分级管理涉及经济、教育、管理等领域，属于多领域的综合性工作，结合教育管理学的理论进行分析，这类管理是指对于不同级别、不同岗位的教师进行岗位设置上的调整，采取有针对性的差异化管理方式，管理的目标是提升教师的专业化水平，确保教师队伍的整体质量。从经济学的角度来看，教师的分级管理属于开发人力资源的过程，分级管理之后能够提升人力资源的开发程度、挖掘出教师的生产力，完成了人力资源的传承以及创新，真正发挥出了科研服务社会的作用。

二、我国高校教师分类管理优化的具体策略

（一）建立健全高校教师分类管理制度体系

想要高效地实施教师的分类管理，就必须要有一套完整的分类管理制度对分类活动进行指导。只有构建出完善的分类管理制度体系，教师分类管理工作才能具备针对性，起到事半功倍的作用，提升分类管理的效果。建议在教师现有分类标准的层面上，完善教师的分类标准，可从以下细节方面入手。

1.构建科学、全面的高校教师岗位分类标准

制定出科学全面的分类标准，是进行分类管理工作的前提及基础。选择科学的分类依据，能够对教师的岗位划分进行合理的指导，提升分类管理的整体效果。学校应结合发展状况，对现有的分级策略进行优化调整。从教师职位的划分来看，学校应根据长远的规划制定出适当的职位划分标准，要与学校的发展需求保持一致，可使用常见的三分法、四分法等，与此同时还可以使用其他分类标准。合理的划分标准是教师个性化发展的要求，因此制定出的分级标准一定要全面而科学。将教师的性别、年龄等因素考虑在内，要体现出人文关怀，针对不同阶段不同学科的教师要给予充分的关心，在岗位分类时应分析教师们的专业特点，充分考量教师的专业性。

2.构建政府、学校、社会等多方协同的制度结构

制定出完整的教师分类管理制度，必须由社会、学校及政府共同参与进行协调，在国家层面上，要结合国内高等教育事业的发展需求以及学校的发展战略，制定出相对应的分类管理制度和法规，从法律层面上为教师分类带来支撑。在地方政府层面上要按照国家出台的分类管理标准，并结合当地的发展状况，完善教

师分类管理体系。从学校的层面上来看，各地方院校要结合学校的发展战略及办学条件、办学水平，在遵守地方法规的前提下，制定出和本地区发展相适应的分类管理制度。在社会层面上，社会组织、行业协会等可以强化与地方大学的联系及合作，切实改进兼职教师的服务，建立起社会与大学之间的教师分类辅助管理制度。在三方主体的共同努力之下，制定出全面的分类管理制度，明确分类管理的职责以及权限，提高分类管理的效率及质量。

3. 构建起全域的高校教师分类管理制度结构

我国高校教师分类管理制度体系的构建需要从高校教师分类聘任制度、分类调配制度、分类培训制度、分类薪酬制度、分类考核制度和分类退出制度等六大方面着力，构建起全域的高校教师分类管理制度结构。①结合高校发展实际，制定能够吸引适合学校发展的人才的高校教师分类聘任制度；②构建能够促进人才、智力良性流动的高校教师分类调配制度；③构建能够提升教师核心素养的高校教师分类培训制度；④构建能够体现公平的高校教师分类薪酬制度；⑤构建能够激发教师活力的高校教师分类考核制度；⑥构建能够实现教师队伍优化的高校教师分类退出制度。

（二）提升高校的教师分类管理水平

1. 扩大高校办学自主权，提升高校在教师分类管理当中的主动性

在扩展大学办学自主权的过程当中，必须正确处理大学内部及外部的权力及责任关系，首先要正确处理好学校与政府之间的责任关系，其次是要处理好学校及研究机构之间的关系，这关系着学校内部的权力及责任的划分，我国现代大学管理制度建立以后，在不断地完善学校的二级管理问题，已经成了新的研究热点。这些问题受到了国内高等教育理论界以及实践领域的共同关注。二级院校属于办学实体，本应承担起相应的管理职责，比如在教师分类、调配、考核、薪酬管理、退出等方面，都要拥有相对应的话语权并承担起职责。在分类期间要将学校学院两级分类的权责明确地协调起来，这样分类管理才具备科学性和务实性。

2. 提升高校统筹协调能力，实现高校教师分类管理的多部门协同

加强对师资队伍建设的统筹与协调工作，首先建立起统一的分级管理体系，深层次界定分类管理的统筹协调职责以及权限，尤其是一定要明确学校人力资源管理的各项职责以及协作管理制度，为分类管理工作带来全方位的统筹协调，并形成制度支撑。其次是成立统一的师资队伍分级管理模式，从整体上进行统筹协

调，比如建立起分级管理事务管理小组，在涉及多部门协调合作的基础上可以将小组的功能充分发挥出来。最后，建立起统一的分类工作评估反馈管理制度，要求多个部门对分类管理工作进行评估与反馈，并对发现的问题和风险进行修正和调整，逐步形成统一的分类管理机制。

3. 完善高校宣传机制，提升高校教师对高校教师分类管理的认同感

要在高校教师群体当中加强对分类管理制度的宣传活动，开展校园文化建设活动，要把分类管理的思想以及内涵放入其中，利用校园文化的熏陶，将分类管理的思想慢慢融入教师群体之中，在思想层面上引导教师接受分类管理方案。在宣传过程当中将分类管理的政策真正落实到每一位教师身上，提高教师们的理解和认知能力。另外要将政策内容落到实处，这样教师们在管理工作当中才可以理解制度的理念和内容。

4. 强化高校差异化管理理念和措施，加强对高校教师的人性关怀

分类管理尤其是要注重差异性管理，给予教师们更多的人文关怀。优化教师的分类标准，应结合教师的学科专业、心理特点、年龄等，建立起合理的分类标准。只有按照科学的分类标准进行分类管理，才能真正服务于教师，保障教师的个人利益。在分类期间要强调以人为本的理念，全面提升学校的服务意识，真正地服务于教师团队，并强化分类工作的主动性以及灵活性，尊重每一位教师，以保证教师的基本权益不受侵害。

5. 构建专业化的高校教师分类管理教育职员队伍

在大学的分类发展策略之下，将大学教师的分类管理纳入专业人才队伍建设当中，才能发挥出协同作用，落实分类管理工作的内容。首先要将重点放在构建分级管理的工作环节上，大学要将教师分类管理当作任务的出发点，统筹人力资源管理部门、财务部门以及教务部门，努力建立一支具备分类管理能力的专业管理团队，以提升分类管理的专业化程度。其次是要重视管理者身份的观念转变，摒弃传统的错误思维，比如国家干部等职业概念，形成契约性的管理理念，使用大学教师聘任制度，来构建出学校的教职员工和学校的契约关系，这样就能够将学校员工的"管理身份"转换到"合约身份"，可以提升教职人员的管理能力。最后，明确管理团队的合法地位，这样才能够确保权力有效行使，建立起健全的管理规章制度，确保管理人员能够按照行政制度依法行使分类权利。同时结合社会行政管理转变的背景，对管理人员的服务角色进行制度化改造，以确保管理人员在职责范围之内充分行使管理权限，避免权力的滥用。

（三）完善高校教师分类管理的评价与反馈机制

建立健全的分类管理考核反馈制度,有利于提升分类管理的科学性和规范性。要在选择评估指标、机构、对象以及结果的应用等方面,完善国内高校教师分级管理的评估反馈制度。

1.构建符合高校教师分类管理实际的科学评价指标体系

在具体实践上,一定要将分类管理的评价运用到实处,对岗位分类管理、差异化管理以及职位匹配进行研究,并制定出满足高校人力资源管理需求的评价指标体系,比如选择人才引进率、教师流失率、培训完成率、考核完成率、薪酬计算准确度、及时性、教师的劳资纠纷数量、工作满意度等作为评价的指标。在评价管理上要按照定性评价和定量评价相结合的模式展开评估,最大化保障分类管理的效果及客观性。

2.引进第三方评价机构

可以引进第三方独立机构进行评价,这样能确保评价的公正性,减少评估风险。想要建立起现代化的大学管理制度,就必须要对学校内部及外部的治理结构进行改革,优化评价管理制度的同时,还可以使用第三方评价机构对学校进行客观的评价,这也能提升分类管理评价的效率以及评价的科学性、公正性。政府以及学校可以使用采购服务的方式引进第三方评价机构,让它评价学校的教师分类管理工作成效。

3.明确评价的对象

对对大学教师进行分级管理的成效进行评估,主要的评价对象是教师的分级管理工作,分析学校的教师队伍建设状况,就能够得出分类管理的效果。教师的分级管理不仅要考虑到教师的整体发展特征,还要结合大学的发展趋势,如此才能使分类管理考核变得更加全面客观,同时也能真实地体现出分类管理的工作现状。

4.重视评价结果的应用

对分类管理进行评价是为了掌握教师的工作状态,为后期优化工作带来全方位的指引,因此政府以及各地方院校都要给予足够的重视,并且找出客观的问题,分析问题产生的原因并进行改进。学校的人力资源管理部门、科研处、财务处等都要对分类管理的结果进行核对,优化内部的分类管理工作,重视结果的应用。

第五章 新时代高校大学生就业服务与指导

在 21 世纪的大学教育中，大学生就业，不仅是大学生人生的一个关键里程，也是高校学生管理工作的一项主要任务。大学生就业指导不仅是一项工作、一门课程，更是一项工程，是高校人才培养的一项重要环节和基本任务。

第一节 就业指导概述

就业观是指对职业选择的基本看法，是个体在一定的世界观、人生观和价值观的指导下，对自己未来从事职业和发展目标的基本认识和态度。就业观对人才求职、择业和进行就业准备有直接影响，能直接指导人们的职业选择，并通过职业选择、职业活动体现出来。就业观是具体化的人生观，是每个有劳动能力的人对人生的基本态度问题。每个毕业生从学校走向社会，从学校生活步入职业生活，无疑是对其人生态度的一次考验[①]。

一、大学生就业指导的含义

大学生就业指导可分为狭义和广义两大类。狭义的就业指导，是为大学生传递就业信息，并给予指导的过程。广义的就业指导则包括：预测有就业要求的劳动力市场、社会需求量；收集、传递就业信息，培养劳动技能，组织与就业有关的综合性社会咨询、服务活动。

同时，就业指导还应包括分析就业政策导向和与之相对应的思想教育工作。简言之，就业指导就是指帮助大学生根据自身特点和社会职业需求，选择最能发挥自己才能的职业，迅速、高质量地胜任工作，实现自己的人生价值和社会价值的活动。

---

① 杜薇.疫情防控常态化下辅导员应用线上就业指导工作新模式探讨［J］.就业与保障，2020（16）：181-182.

二、大学生就业指导的任务

就业指导的主要任务分为三个方面：政策指导、思想指导和求职技巧指导。如图 5-1 所示。

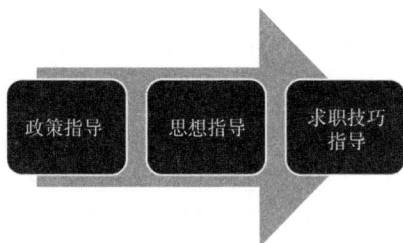

图 5-1　就业指导的主要任务

（一）政策指导

如果大学生对国家的就业政策缺乏了解，那么，在择业时就可能具有很大的随意性和盲目性。国家的就业政策涵盖了与大学生就业相关的法律和法规，以及对就业岗位的描述、在就业岗位所享受的待遇和如何获得这些岗位。

例如，什么是基层就业？国家鼓励毕业生到基层就业的主要优惠政策包括哪些？到基层就业如何办理户口、档案、党团关系等手续？目前社会或者高校编制的《××××年毕业生就业指导手册》，就涵盖了大部分相关的政策指导内容。

（二）思想指导

大学生就业的思想指导是指对大学生进行关于世界观、人生观、成才观、择业观的教育，就业指导中的思想指导主要包括择业定位、职业生涯规划、择业心理调适、诚信就业教育、创业教育等内容。

1.适应社会与自身发展的指导思想

加强高校毕业生就业工作当中的思想引导工作，是高校毕业生在就业过程当中必不可少的部分。大学毕业生要从个人实际角度出发，主动应对社会发展的需求，做好职业生涯规划。

在当前社会中，学生们的择业标准已经出现了较多的变化，给予学生就业指导要遵循客观的原则。学生的就业方向应与国家的需求相匹配，敢于深入基层为社会发展做出积极的贡献，避免在择业期间出现目光短浅的做法，杜绝眼前的功利主义错误。

2.培养大学生诚实、守信的就业态度

将诚信就业当作重要的指导性原则，使学生树立崇高的职业道德，这也是指导学生就业的重要方面。鼓励学生按照实事求是的标准做事，在择业过程当中不能贬低别人、推崇个人，严禁出现弄虚作假的行为。通过对大学生展开就业辅导，让他们了解到假如人们没有良好的品德修养就很难成为合格的人才，尤其是当前市场经济日益发达，人们的品行道德成为衡量人才的重要标准。

对大学生进行就业心理疏导与指导，使学生走向正确的发展道路，这是大学生思想政治教育的重要内容。要让大学生意识到个人的成功取决于个人的努力程度以及对机遇的把握度。加强对学生的思想教育活动，使学生能够正确地处理好个人发展以及社会需求之间的关系。

（三）求职技巧指导

求职技巧指导是就业指导的主要内容之一。不少大学生在就业过程中不仅思想准备不足，对就业政策掌握较少，而且对就业程序、应聘技巧、个人自荐材料的准备以及应有的礼仪和言谈举止等方面缺乏相应的了解。求职技巧指导在大学生职业发展生涯中显得非常有必要。

三、大学生就业指导的内容

就业指导的主要内容通常包括提供就业信息、评价指导、择业咨询、就业教育四个方面。

（一）提供就业信息

为大学生提供就业信息，这些信息包括了岗位需求信息、需求量等，在信息发布上学校可以将信息收集起来，统一对外公布，也可以制定出数据信息库，学生们可通过网络查询就业信息。信息管理的重点是信息统计和分类，提前预判就业形势。

（二）评价指导

在评价指导方面可以运用多种评价方式，比如谈话、观察、测验、问卷调查等，了解学生们的个人性格、职业倾向、特长、知识结构等，展开全方位的客观评价，并且将结果转交给学生。评价指导能够提升学生们对个人的认知，使其提前做好定位并根据个人的潜力选择合适的岗位。

（三）择业咨询

咨询活动是通过问答的方式向学生解释与就业有关的问题，学生若有职业选择方面的疑问，可以选择咨询并针对岗位方面的问题进行探讨。咨询的具体方式有多种，可以在网络上咨询，也可以面对面咨询，具体内容涵盖了就业政策的学习，求职技巧分享等。咨询的提供方可以是老师也可以是校友、同学等，咨询的针对性往往比较强，可以采取灵活的方式。

（四）就业教育

可以运用当面传授、讨论、使用案例等方式模拟就业问题，学生在就业期间会遇到多种多样的问题，而开展就业教育就能解决相应的问题。就业指导专项课程、组织就业指导讲座等都属于就业教育的内容。选择的主讲人，一般情况下应具备丰富的就业指导经验，这种指导方式非常正规并且全面，提供的信息是比较有权威性的。

四、就业指导与职业生涯规划

高等院校的职业生涯规划是开展就业指导的基础，职业生涯规划主要是针对毕业生进行职业设计，对学生的客观条件进行分析和总结，根据学生的个人能力分析出职业倾向并制定出合理的奋斗目标。

在指导过程当中可以运用全程指导和个性化咨询相结合的方式，全程指导是对学生的就业进行全方位的规划与指导；而个性化咨询是根据学生的个人特征，针对性地给予指导建议。

（一）围绕职业教育开展就业指导

对学生进行就业指导，可以在大一阶段进行，通过职业教育课程让学生们理解个人的真实能力，比如了解个人的性格特点、自己未来的奋斗目标、在职业规划上的方向、现阶段掌握了哪些能力等。根据这些问题来安排学习方向及目标，为学习生涯做出合理的规划。

（二）针对规划与计划进行检验

进入到大学二年级及三年级需要对第一年的计划进行考核，比如回答自己做过哪些工作，有哪些做好的个人表现，个人的计划是如何进行的，接下来需要完善哪些地方，进入了这一时期要对职业目标进行调整，如果感觉实现目标有困难就需要调节个人的能力匹配度，优化个人的规划并制定新目标。

（三）结合具体就业意向展开就业指导

大学四年级的就业指导就要结合具体的就业意向展开，主要是提供就业信息、政策与法规，就业的具体技术等。例如，如何应聘，如何签订三方协议书，如何维护自己的权利等。又如，考研应该做哪些准备、考公务员有哪些政策等。

第二节　大学生就业面临的挑战

在长期就业结构性矛盾和短期需求冲击叠加的双重压力下，当前的大学生就业问题更加严峻和复杂，破解这一难题必须直面挑战，找准促进大学生就业的发力点。

一、大学生的就业现状

像其他劳动者一样，大学生就业群体也面临着就业的挑战，该挑战大概来自两个方面，一是来自我国的劳动力市场的劳动力供给与需求的失调；二是来自大学扩招与就业机会的失调。

（一）源于劳动力市场的压力

从我国劳动力市场来看，劳动者就业的需求与劳动力总量过盛，与就业岗位比例失调。

1. 大学生就业市场从"卖方"步入"买方"

我国的教育市场已经发生了变化，由传统的精英教育时期转型为大众化教育时期，所以大学生数量急剧增加，市场上的供需平衡被打破，目前已经是供大于求的情况，所以大学生就业已经变得越来越难。运用市场化的管理制度，可有效调节就业市场的局面。综合市场的情况展开研究，国内高校毕业生将会长期处于买方市场的状态。

不同层次的大学毕业生存在着不同的竞争，各个专业面临的就业压力都非常巨大。但有的学生在竞争状态下爆发出了惊人的潜力，逐步成长为社会上的人才，但也有一部分学生只能从事普通的工作。

小郭是某大学市场营销专业的本科生，临近毕业时，一所大型国企来学校招聘，听闻这个消息后，整个市场营销专业的学生都倾巢出动了，除了几个已经找到不错工作的学生外，几乎所有人都参加了这场招聘会，就连其他专业也有同学参加。最后，这家企业只在小郭所在班级挑选了 3 名学生，剩下的同学都是失望而回。

后来，陆续也有一些企业来学校招聘，但招聘人数都很少，每次对市场营销专业只招聘两三个人，甚至有时还要求本科以上学历。小郭总结了一下，各企业在学校所招的市场营销专业本科生的总人数在 20 人左右，是他们班级总人数的三分之一。慢慢地，小郭根据自身实际情况调整了对于企业性质、薪酬的要求，终于找到了一份工作。在该单位里，恰好有一位和他同专业的师兄也在这里工作，他们成了同事，并聊起了当前大学生的就业情况，这位师兄不禁慨叹：如今大学生的就业压力越来越大。

由此可以看到，在现在"僧多粥少"的大环境下，大学生在求职时要客观分析个人的条件，不要好高骛远。任何一项工作都要有人去做，只要努力加用心，任何一项工作都可以做得非常出色。不要太在意企业的性质、福利这些客观因素，最重要的是找到一个适合自己发展的平台。

2. 用人标准由"重学历"转向"重能力"

现在，各类企业和机构招聘人才时，首先看重的是大学生的能力和学识水平，学历高低仅作为参考，不是硬性指标，更没有苛刻的要求。为了寻求一份好工作，大学生应在提高自身能力水平上下功夫。

长期以来，我国大部分企业都会对求职者的学历做出硬性要求，求职者学历越高，就业就越容易，求职者文化程度的高低成为企业选才用人的重要参照因素。但是，近年来，用人单位用工要求开始由原来的侧重求职者学历水平向注重求职者的实际工作能力和综合素质等方面转变，学历因素对求职者的影响略有下降。

小君是金融学专业毕业的研究生，金融行业发展前景好、收入高，专业也被戏称为最有"钱"途的专业。小君也感觉自己算是幸运儿，选择了当下最热门的专业，找到理想工作完全没有问题。

因此，她信心满满地来到人才市场，搜罗各种适合她专业的岗位，简历也投了不知道多少份。一开始她打算去银行、证券、保险行业谋求职位，可门槛实在太高，最终她选择了财务行业。于是，她开始关注国有企业、合资企业、民营企业等的招聘信息，也相继参加了一些单位的笔试、面试，但最终的结果都不令人满意，要么工资太低，要么地理位置偏远。为这些事情，她陷入了苦恼之中，时常在想："也许不读研究生，早点就业，会不会好点呢？"

后来，她的老师了解到她就业的情况，特意把她叫到办公室安慰了一番，还主动为她介绍了一家从事期货的民营企业。这家民营企业的负责人通过与小君面对面交谈后，发现她除了学历上有点优势外，在工作能力和特长等方面还不如一名本科生，企业里面本科毕业且能力比她强的大学生有很多。小君应聘的职位，不仅需要学历的支撑，更重要的是需要数学和英语很好，同时还需要相应的交际和沟通技巧。这些能力她都不具备，所以聘用也就成泡影了。大学生应该注意，个人学历固然重要，但在同等学力水平基础上，提升个人素质和能力更加重要。要想保证自己有较强的竞争力，就需要认真分析就业环境，做好充分准备。

3. 就业形式由"单一"走向"多样"

高等教育逐渐步入大众化发展阶段，已不仅仅是数量的变化，还包括培养模式、教学方式、培养目标等一系列的改变。培养目标和要求的多样化必然导致毕业生就业取向、就业形式的多样化。

①就业地点有大城市、中小城市、城镇等。

②就业单位属性有党政机关、事业单位、国有企业、民营企业等。

小金从小在教育世家长大，爸妈都是高级英语教师，从小她的英语就非常好，还经常参加各种英语演讲比赛并获得了不错的成绩。小金性格非常开朗，交了很多好朋友，古灵精怪的她经常逗得周围的朋友哈哈大笑。马上面临毕业，她也开始犯愁了，因为到目前为止，她还没有找到满意的工作，经过这几个月的碰壁，也是真真切切地感受到了就业形势的严峻。"工作难找，你不要太着急，慢慢来，不行的话就回老家吧，老家是小县城，竞争压力没那么大。"放下电话的小金觉得压力更大了。父母的话显然是在安慰她，因为一个小县城怎么会需要外语人才呢？整年都不见得有几个外国人光顾。可小金还是不甘心，决定继续找工作，一次一次的打击，让小金的心情跌到了低谷，她决定考虑父母的建议，回老家求职。

电话铃声又一次响起了，是妈妈打来的，妈妈告诉她现在县上最大的一个家具厂正在招聘翻译员，正好可以发挥她的特长。虽然工资待遇比不上大城市，但发展前景好，而且竞争压力也没那么大。小金一听回家还可以发挥自己的特长，马上从在大城市找工作失利的阴影中走了出来，重整旗鼓地回家应聘这份工作。

参加了厂里的招聘考试，在二十几个应聘者当中，小金以出色的口语和笔试成绩胜出，正式加入销售科，负责外贸部门的翻译工作。

中小城市不一定没有理想的就业机会。随着市场经济的不断发展，许多中小城市都有了自己的龙头企业，这些企业的发展同样需要大量的人才。与其在大城市激烈拼杀，不如选择一个中小城市定下心来工作，创造属于自己的一片天地。

4. 战略性新兴产业受青睐

随着国家的发展，特别是与"一带一路"倡议、京津冀一体化、粤港澳大湾区等相关的项目，对人才的吸引力巨大。电子信息及互联网等 IT 行业、机械制造业、房地产建筑业对毕业生的需求旺盛，物联网、智能装备、新材料、新能源汽车等战略性新兴产业对毕业生的需求也呈上升趋势。

（二）高校毕业生数量持续增长的压力

国内的制造业企业规模逐渐缩减，大量新增的服务型企业对学历的职位要求逐渐降低，因此从业人员的知识架构和工作岗位的标准出现了不匹配的现象，而高等教育规模在不断扩大，高等教育毕业生占据的比重也越来越多，所以学生的就业形势越来越严峻。

总体而言，国内的高校毕业生就业形势非常复杂，比如冷门专业和热门专业转化速度非常快、用人单位对学历要求进一步提高等。认真分析学生就业问题的矛盾点，有助于解决当前的困境。

1. 片面的人才观依然存在

国内高等教育日益普及而就业压力也在不断增长，所以学生的就业理念发生了变化。高校毕业生普遍希望选择到大公司、大企业或者是事业单位上班，这些岗位非常体面，而毕业的时候学生的选择也会出现盲目性，受到社会舆论的影响，没有考虑个人的性格特点以及职业的客观条件。

高校毕业生的个人定位和社会的人才需求存在一定的差异性，所以这就导致了有大量的工作岗位，没有人愿意去从事。而大量的学生由于找不到工作，只能处于失业状态，特别是某些冷门的专业用工需求较少，但学生为了获得体面的工作不愿意去选择，即使对口专业也很难打动学生。

2. 专业的热门与冷门转化速度快

学以致用是教育的终极目的，一方面满足社会发展的需求，同时也能够实现个人的价值。高等教育正在改革，在课程设置等方面要与社会关联起来，而教育的改革也导致理论和实践之间的距离不断地缩短。

大学需要对专业结构以及课程内容进行调整，以应对未来社会发展的变化，结合市场的需求来进行教学。

3. 用人单位对学历要求进一步提高

国内的大学招生规模越来越大，每年毕业的人数也越来越多，这就导致大学生的地位下降，用人单位对于学历的要求也在逐年上升，尽管教育程度并不能决定所有，但是在同样的情况下，教育程度依然是企业考量的关键因素。

（三）高校人才培养与市场需求之间契合度不高

大学的人才培养制度与市场的需求契合度存在问题，所以人才需求结构与高等院校的培养模式并不匹配，这种局面导致社会经济发展受到影响，同时也加剧了就业困难的现象。比如有的学校为了追求办学的规模，培养方式非常单调，有很多专业内容大致相同，所以出现了大量同类型专业的毕业生。没有关注人才的内涵培养，所以学生的质量下降，学生缺少专业技能，进入就业市场上也就没有竞争优势，无法满足企业的需求。另外，在专业设置以及人才培养方案上，没有结合我国经济转型的结构趋势，所以导致企业招不到合格的人才，即使到岗，一部分人员也难以符合岗位标准。

（四）大学生就业的体制机制不健全

经济发展已经进入了新常态阶段，高校毕业生的就业压力越来越大，大学生就业管理制度上依然存在一些缺陷，比如没有设计出促进公平就业的管理制度，缺少大学生的失业救助管理制度，在医疗保险、失业保险等方面并不完善，所以大学生就业并没有得到应有的保护，抗风险能力较弱，制度上的缺陷导致大学生的就业存在诸多问题。

二、大学生就业的影响因素

由于大学生的知识结构、素质与所在的高校教育有一定的关联性，因此高校的环境对大学生的成长会产生一定的影响。这些影响来自专业设置、培养模式等。

（一）用人单位与人才输送的高校之间缺乏畅通的沟通渠道

毕业生就业市场不够完善，用人单位寻人才，毕业生找工作，都缺乏针对性。供需见面会像赶庙会，往往拥挤不堪，成功率低。在就业的理念上也存在一定的问题，对于高校毕业生就业，社会认为是学校的事，学校则认为是政府的事，各自的责任不明确，合理使用人才对大学生、用人方和社会的意义还没有被客观认识到。

（二）专业设置与培养模式和人才市场的需求不匹配

在我国，就业过程已经进入市场化，学校的招生计划、专业结构、教学内容基本上还按计划体制的形式运作，教学从学校的能力出发，而非从就业市场的需要出发。

（三）人才需求的实时性与人才培养的长期性之间的矛盾

人才培养是一个长期的过程，需要时间。对于一个专业从招生到就业至少需要 4 至 5 年时间。尽管在招生时已经对市场进行了预测，但教育体制的限制，再加上学校办学自主性较小，使得其缺乏对专业的调整权，无法根据市场需要去培养人才，或改变人才培养方案。

另外，有些学校或地区盲目招生、盲目设置专业，使得专业设置雷同，低水平重复。因此，培养出来的学生很难适应就业市场的需求。

（四）高校毕业生的期望与就业岗位之间存在差异

一些高校毕业生不是根据市场需求择业，而是片面追求高工资、大单位、大城市、大企业。20 世纪 50 到 60 年代流行的"到农村去、到边疆去、到祖国最需要的地方去"的响亮口号，在当今的一些高校毕业生中演变成了"到大城市去、到大机关去、到大公司去、到国外去、到挣钱最多的地方去"。这是违背市场规律的，必然会使就业失败。

（五）学校人才培养模式上较为重视理论知识传授，忽视了实践能力的训练

有些大学进行的专业建设没有跟上市场需求的发展步伐，专业知识内容并没有及时更新，所以培养出来的高校毕业生就业能力普遍不足，专业知识落后，导致学生的就业竞争力降低。在找工作期间，学生会出现极端自信以及自卑的现象。因此一定要针对大学的人才培养制度进行供给侧改革，这样学校才能够向社会提供更多的优质人才。深化改革的内容就是要将培养模式与市场需求相匹配，在实践能力培养上重视职业能力培养，鼓励学生们握专业理论知识，同时还要具备参与实践的能力，并且将理论知识运用到工作上。

第三节　就业压力的应对

面对严峻的就业形势，大学生、学校必须与政府共同努力，从战略和战术方面共同携手战胜压力。

一、制度建设保障就业渠道

目前的形势对于中国法律体系提出了新的要求，特别是有关劳工就业和劳工标准方面，需要结合国际通行要求加快法制建设，以适应变化了的国内外经济环境。下面两个问题的相关法制建设就甚为迫切。

（一）平等就业的权利

平等就业权是一项基本的人权(劳动权)，它的实质是反对就业中的各种歧视。国际劳工组织就曾为此通过了多个国际公约，反对在就业过程中的"任何区别、排斥和偏私"的行为，我国的劳动法中也有相关规定。

（二）强化政策服务

面对就业领域所出现的各种新问题，政府应该综合运用各种政策，积极地发挥政策调控作用，以创造更多的就业机会。当前以下几项政策更应列入强化政策服务的前列。

1. 积极的产业政策

一是大力发展第三产业，其中重点发展生活服务业和生产服务业；二是积极发展非公经济和中小企业，加大政策力度，为其创造更加有利的宽松环境。

2. 推动劳动力流动

首先要尽快出台加快劳动力流动的政策，其中建立全国统一的社会保障制度首当其冲。其次，要有劳动力流动有序发展方面的政策，鼓励推进城镇化进程，淡化城乡就业者在福利待遇方面的差异。

3. 扩大劳务输出

鼓励劳务输出，既鼓励有计划、有组织地开辟国际劳务市场，拓宽劳务输出渠道，同时又要对劳务输出开辟绿色通道，减少人为阻力，做好劳务输出的信息发布、推荐面试、社会保障、记载工作经历等相关服务工作[1]。

---

① 郭晓娜.新冠疫情应对中高校辅导员就业指导工作理念与路径选择 [J].人文天下，2020（24）：157–159.

4.促进公共就业服务社会化

应该逐步推行公共就业服务的社会化和市场化政策，其中包括允许社会就业服务机构营利的政策，从而提高职培等公共就业服务的效率，同时使政府从具体繁杂的就业服务事务中解脱出来，致力于市场的监管。

二、政府在就业、失业环节承担的责任

政府部门应该加强就业和失业的统一管理。面对就业和再就业形势，需要分清政府和市场各自的责任。在就业和失业两个环节上，政府和市场所承负的责任是不同的。

（一）政府在就业环节担负的责任

政府在解决就业问题上虽然有重大责任，然而我国社会已经形成了市场调配的机制，政府不能直接干预劳动力市场。政府的职责是为就业市场带来良好的环境，并提供公平公正的就业服务。解决劳动就业问题依然要靠个人能力，需要在市场上搜索创业及就业机会。

（二）政府在失业环节担负的责任

由于我国的社会环境变得更加开放，市场调配机制失灵的概率会增加，而政府必须要采取调节的行为，以弥补市场调节的不足。普通老百姓失业将会给家庭及生活带来危机，大量的失业人群将会影响社会的稳定性，政府可以建立起失业保障制度以及推动建立再就业体系，保障失业者的基本生活，避免造成社会动荡。

三、从战略入手对抗就业压力

对抗就业压力，政府、学校与个人都应该战略战术齐下，近、中、远期兼顾，全面考虑。具体的方法包括如下几个。

（一）利用新兴产业的发展促进就业

随着社会的发展，人们的社会需求在不断发展和变化。为了满足社会的需求，必然会涌现一些新兴的行业。新兴行业也称新兴产业，是指具备和掌握核心技术，具备资源能耗低、带动系数大、就业机会多、综合效益好等特征的行业。

（二）培育和发展就业中介机构

学校的管理部门是提供学生就业服务的主体部门，但是学生管理部门有众多工作职责，比如思想教育工作、奖惩管理、学习评优活动以及社团管理等。

对于学校管理部门而言，大学生就业教育及管理占用的精力并不多，并且没有投入过多的精力关注劳动力市场需求，也难以进行大范围的市场调研活动，因此建议使用就业中介机构进行咨询，但是需要政府建设一批优质的就业中介机构并进行严格的管理。

（三）多方位开展社会培训

大学生就业教育是学校教育工作的组成部分，部分高校在就业的具体技能教育上存在着薄弱环节，比如岗位适应性教育及融入社会的教育内容数量较少。对于学工部门而言，如何让培训内容贴近学生的就业环境是必须思考的问题，建议拓宽社会培训的范围，进行多方位的培训，增强培训的针对性。

四、结构调整促进就业发展

就业结构与产业结构有着较大的关联，我国经济是由多种产业组成的，按照产业结构的理论，产业结构的发展是不断变化的，而就业结构也要与产业结构保持同步。假如双方存在着矛盾，就会导致资源浪费，无法促进就业工作。

对产业结构展开调节，要将就业结构的特征考虑在内，比如保留一部分劳动密集型产业并进行协调布局，从全局角度统筹规划社会的产业结构，在提升科技水平的同时也要保障工作效率，缓解就业难题。

重视第三产业的发展，通过第三产业能够带动就业率的增长，而这也是经济结构调整的重要方向，将第三产业作为发展的先导产业，既能达到优化产业结构的目的，同时也能够扩大就业范围，增加岗位。

五、规范管理，建立就业市场

建立起全国统一的劳动力市场，有助于优化劳动力资源，解决劳动力无法合理流动的困难。

许多年来，北上广深等一线大城市一直是毕业生们求职时的第一工作选择地。近几年，因为很多现实原因，"逃离北上广"的现象渐渐增多，"不当北漂、沪漂，回家乡施展抱负"成为很多毕业生的真实想法。

在中国高校传媒联盟推出的"什么影响了大学生择业"的问卷调查里，80.11%的受访者表示择业时会关注工作所在地与家乡的距离。通过对比就业数据，上海第二工业大学招生就业处处长经晓峰也给出了同样的判断：应届生将上海等一线城市作为就业首选地的比例正在下降。一方面，国家西部计划等一系列政策激励，促使更多大学生奔赴基层建功立业；另一方面，长三角、中西部等地区的二三线城市发展很快，出台的人才计划和方案也颇具吸引力。

的确，国家的产业梯度结构、人才培养结构、地域分布结构都在转变，随着特大城市和大城市竞争成本的增高，人才溢出不可避免；与此同时，其他城市通过发挥自身优势，为青年发展提供包括落户、住房等在内的多重优质保障，自然溢出的人才就会向那些脱颖而出的二、三线城市转移。理性择业、务实从业，才能实现"高质量的充分就业"。跟着专业走，跟着生活走，更理性考虑自身对于未来生活的期望，成为年轻人选择"地点"时的重要参考。

六、深化高等教育供给侧结构性改革，破解大学生就业市场结构性矛盾

市场及社会需求在不断变化，面对新的社会发展动态，大学生应具备应有的就业能力以及综合素质。大学正在针对市场的变化进行供给侧改革，只有进行改革才能够打破结构性就业矛盾。首先对高等教育进行指导，优化教育的结构，运用市场的调节机制，并加强政府的政策指导，使用特色办学的理念推动实现教育和就业的融合。其次，增加创新型人才的供给，比如重视创新教育活动，培养学生的创新思维，提升学生的就业竞争力。

（一）紧跟经济社会发展和人才市场需求，努力使高校人才培养与市场需求相匹配

大学的人才培养方案以及专业设置必须考虑到社会发展的变化需求，并根据社会的动态变化进行调节，这样就能够将人才培养目标和市场需求匹配到一起。对市场上的人才需求进行预测，评估劳动力市场的特征，以计算出学生的需求量，这关系着学校的专业设置问题。在人才培养领域进行大量的改革，优化教学内容，调整专业设置。教学期间，要把市场需求体现出来。另外，要提升学生的就业质量，高质量的就业才能够让学生们具备更强的就业能力。低质量的就业不仅稳定性差，还会导致满意度下降，存在着社会风险，对社会的和谐发展会造成负面影响。

（二）建立健全大学生就业体制机制，促进大学生更好、更高质量就业

经济新常态下，建立健全大学生就业体制机制，要做好三个方面、健全两个制度、构建两个体系，具体来说要做好以下工作。

1. 做好三个方面

①构建增加学生就业率的关联制度。

首先学校需要结合经济发展的变化，制定出推动学生就业的政策，并利用现有的政策完善大学生就业的政策体系，比如在税收、金融、财政等方面给予完善和补充。

其次，制定出的就业政策一定要具备针对性，政策要符合学生的就业实际状况，真正地解决就业。就业政策要和劳动保障政策进行衔接，为学生们带来真正的帮助。

最后将促进大学生就业作为优先战略。扩大即实现大学生就业要当作经济发展的前提目标。在这种目标的指导之下发展新产业，优先发展可提供大量就业岗位的产业，这样就能吸引大量的毕业生。

②政府要推出政策鼓励学生创业。政府要制定并完善针对大学生群体的创业帮扶政策并给予指导，拓展学生创业的融资来源，为学生带来启动资金，并给予免息贷款，减少大学生创业群体的税费压力。

③对劳动关系的管理及协调进行创新。为了更好地维护及保障学生的就业权益，要建立起科学的劳动关系协调管理制度，为学生提供合理的诉求表达渠道。首先要将劳动合同法落实到位，这项法律法规是规范用人单位的保障，同时也是保护劳动者权益的法律依据。其次构建出新的三方协调制度，按照多方参与的标准进行民主协商，对于出现的劳资关系问题进行妥善的处理。

2. 健全两个制度

（1）健全大学生就业主体责任管理制度

各地方政府要认真总结当地的经济发展规划，并要求地方院校合理制定大学生的就业管理规划，这些是地方院校设置专业的依据。当地政府要根据企业的用人需求，适当修改就业政策，帮助学生们实现顺利就业；在就业规划及实施政策方面进行考核，制定出相应的考核标准，切实保障大学生就业工作顺利推进。针对大学生进行就业教育及宣传活动，使用互联网媒体等渠道实施全方位的宣传，并且选择先进典型，向学生们传授成功就业的经验，引导学生们形成正确的就业观念。

（2）健全公平公正公开的用人制度

对于大学生的就业歧视无法杜绝，需要对人力市场进行统筹管理，扼杀性别、年龄、身份等就业歧视的因素，让广大学生具备平等就业的权利。同时在全社会范围内，为学生提供更多的就业渠道，提升学生就业的整体质量。

3. 构建两个体系

（1）构建大学生就业创业服务体系

一方面，要建立由政府主导，社会、学校、家庭、大学生全员参与的"五位一体"的大学生就业指导帮扶体系；另一方面，要建立科学合理的大学生就业指导帮扶考核评价体系，通过实行目标管理、责任考核，加强对各责任主体的监督考核，确保指导帮扶大学生就业工作落到实处，收到好的成效。与此同时，还要不断丰富和创新大学生就业指导帮扶的内容和形式。内容上要注重内涵建设，加大对大学生的创新创业教育力度，想方设法帮助大学生提升就业综合能力。形式上要充分利用互联网＋、微信等新媒体平台为大学生就业提供更方便、快捷、优质的服务。

（2）构建全方面的大学生就业社会保障体系

在经济新常态下，社会竞争日趋激烈，就业环境也日益复杂，大学生面临的各种就业风险也越来越大。因此，为了在经济新常态下促进大学生更好、更高质量地就业，必须建立健全大学生就业社会保障体系。一方面，要建立诸如大学生失业救助、大学生失业保险、大学生医疗保险等社会保障制度，来兜底民生底线，帮助大学生解决现实困难，免除后顾之忧。另一方面，要通过实施"特困家庭大学生就业创业帮扶"工程，对这一部分大学生进行重点帮扶。大学生是国家和民族的希望，他们能否顺利就业事关大学生个人前途发展和社会的和谐稳定与长治久安。经济新常态给大学生就业带来许多挑战的同时，也给大学生就业提供了新的机遇。因此，在经济新常态背景下，要根除大学生就业难题，必须充分依靠政府、学校、社会等多方联动、综合施策，只有齐抓共管，才能真正实现大学生的就业目标，才能确保中国经济、社会实现又好又快发展。

七、鼓励高校毕业生自主创业，以创业带动就业

一是为高校毕业生自主创业优化制度环境，比如深化"放管服"制度改革，减少创业审批事项。二是拓宽高校毕业生自主创业的融资渠道，解决创业融资难问题。三是对首次创业的高校毕业生和就业困难青年群体给予政策补贴。四是联合高校，鼓励各地建设多种形式的大学生创业园或创业孵化基地，在金融、工商、税务等方面对高校毕业生自主创业给予政策扶持。

每年的高校毕业生数量在逐步增长，假如单纯依靠企业安置就业，学生的就业压力只会越来越大。假如从创业角度引导学生进行创业，并加大创业能力的培养力度，为学生营造出良好的创业氛围，既可以增加学生的创业动力，也可以减少就业压力。

（一）自主创业的意义

1.有利于大学生自我价值的实现

通过创业活动可展现学生们的个人价值和能力，但实际上创业活动具备较高的挑战性，建议学生们在创业之前要将个人兴趣和职业结合，选择感兴趣的领域进行创业。

2.有利于促进中小企业的快速发展

中小企业是构成国民经济的重要组成部分，美国的中小企业数量众多，并为美国经济发展提供了强大的推动力，在美国社会82%的创新产品是中小企业研发的，因此重视中小企业的力量，推动中小企业快速成长，有助于带动学生们的就业。大学生普遍接受了高等教育，在创业成功之后将会给我国的市场经济增添更多的活力。

3.有利于培养年青一代艰苦奋斗的作风

大学生群体有着活跃的思维以及良好的心态，伴随着国内生活水平的提升，有的大学生出现了迷茫的心态，不愿意发扬艰苦奋斗的精神。开展创业活动，有利于学生们形成独立自主的意识，并体会艰苦奋斗的感受。发扬艰苦奋斗的作风，是学生们创业道路上必不可少的部分。

4.有利于培养大学生的创新精神

创新活动关系着民族的持续发展，而学生们的创业活动也属于创新实践，进行创业活动是培养学生创新精神的一部分，在就业压力增大的情况下，将这种压力转化成创业的前进动力是培养学生们创新精神的重要渠道。

（二）我国大学生创业现状

国内的创业教育活动相对于国外开始得较晚，并且受到了传统思想的干扰。总体上来看，国内的大学生创业既有成功的可能性，但也有失败的概率。

1.创业的困难

创业的困难主要表现在三个方面。

（1）创业的环境还有待改善

从家庭环境的角度来看，我国的居民家庭观念仍然偏向于传统，很多父母希望子女毕业之后可以寻找铁饭碗，不希望自己的子女从事创业活动，因为这样的活动缺少保障，并且充满了未知的风险，即使学生有创业的想法，但是受到家庭的观念影响只能选择先就业。

从学校的角度来看，国内的高等院校教育并未凸显创业氛围，所以创业教育普遍缺失，有的学生在校期间产生了创业的想法，但是学校的创业扶持力度偏弱，最终只能打消念头。

从体制以及政策方面来看，我国的创业主力人群并不是高校毕业生，所以政府的创新政策当中并没有给予过多的大学生创业扶持政策，所以缺少完整的政策扶持体系。现有的创意环境相对苛刻，对于大学生而言，刚走出学校进入社会没有政策上的扶持很难创业成功。

（2）创业教育相对滞后

国内的创业教育相对于国外开展得偏晚，教育部门在 2020 年 4 月份选择了中国人民大学、清华大学等九所高等院校开展了创业教育试点工作，但现在依然在探索时期。从内容上来看，学校给予的创业教育内容过于单调，没有层次性以及系统性，导致教育效果偏差。有一部分创业的学生认为学校进行的创业教育与社会相脱节，很难发挥出应有的作用，假如在学校能够受到创业教育会有助于创业活动。

（3）创业能力有待提高

我国大学生创业的成功率不高，这是由于在知识技能、信息、资金等方面大学生存在弱点，这些弱项制约了创业活动。部分学生有创业的热情，但是并没有进行合理的规划，准备工作不足，最终导致了创业失败。

2. 创业的机遇

创业的机遇主要表现在三个方面。

第一，我国的社会发展正在细化分工，而社会结构正在转型，这是学生创业的良好条件。大学生普遍受过高等教育，综合素质普遍较高，所以进行创业活动具备一定的优势。

第二，在知识经济发展的背景之下，知识已经变成了推动社会发展的重要资源，在生产力要素当中也受到了人们的普遍关注，而大学生拥有了大量的文化知识并掌握了先进的技能以及思想，所以大学生创业可以发挥出专业优势。

第三，政府正在改善创业的政策环境，这成了大学生创业的助力。政府营造出宽松的创业政策环境，是为了更好地推动社会的创业趋势，而大学生创业也可以利用良好的政策环境减少创业的压力。

第六章　大学生职业生涯决策理论认知

在大学生职业规划期间做出的职业决策，就叫作职业生涯决策，在做出选择的过程当中，人们要采取成熟的态度，所以非常考验人们的决策能力。对个人的职业生涯实施有效的规划并做出正确的选择，可以帮助人们获得更加匹配的工作，提升个人对职业的满意度，从而在工作岗位上发挥出个人的价值。

第一节　职业生涯决策的内涵

大学生的职业生涯规划是影响学生未来职业生涯发展的重要因素之一，除此以外，影响大学生职业生涯选择的因素包括家庭成长环境、社会环境以及个人的因素，在大学生成长的关键时期，要加强对他们的职业生涯决策问题培训，并进行深入的研究，这样才能够帮助学生更好地开展职业生涯决策。

一、职业生涯决策态度

职业生涯决策态度源于美国职业指导专家提出的职业成熟度概念，是指个体对职业选择和决策所持有的一些观念、态度和倾向。

心理学家通过研究发现，对于正处于职业选择状态的青年人来说，职业选择的成熟性取决于自信心、独立性、确定性、妥协性、进取性诸方面的表现。成熟的职业生涯决策态度有助于人们更加顺利地做出适合自己的职业选择和决策，以及能帮助人们获得更高的职业满意感和职业上的成功。

（一）自信心

在求职期间自信心良好的学生并不会表现出焦虑的心态，而是采取客观的态度，并且认为招聘属于用人单位和个人的双向选择，单位有权利挑选毕业生，而毕业生也有权利挑选单位。按照这样的策略去找工作的时候，学生们就不会产生害怕紧张的情绪，在面试的时候也能更好地表现自己。缺少自信的学生往往会产生强烈的自卑心态，无法正确认识个人的能力，所以在应聘之前，自信心较差的学生往往会临阵脱逃。

（二）确定性

一些学生即将毕业的时候，仍然不能对自己的兴趣及能力做出客观真实的评价。面对不同的工作岗位，仍然挑三拣四，不会对个人的定位进行规划，遇到问题总是犹豫不决，比如有的学生技术操作水平一般，但希望在办公室成为部门管理人员，如果学生的野心太大，就会丧失踏实的工作心态。如果在挑选职业时将金钱作为考量的唯一标准，工作就会变得枯燥乏味，但是如果这份工作与个人的兴趣爱好梦想相关联，那干这份工作就充满了动力和成就感。因此在找工作的时候，一定要正确认识个人的性格、兴趣、能力等，只有在全面认知的情况下才能寻找到合适的工作。即使遇到不感兴趣的工作，也要带着开放的心态去尝试，这样有助于提升求职的成功率。有的大学生对于找工作没有什么指望，找工作的积极性也很低，还没有去面试，心态就已经崩溃了，因此学生一定要制定出明确的职业生涯规划，并加强锻炼。

（三）独立性

每个人都具备一定的自我决定性，这种能力叫作独立性。个体活动可以按照个人的意愿去完成，独立性较强的人往往性格比较独立，即使面对外部环境的变化，也能够及时地调整个人的心态，并主导个人的思想意识。独立性人格可以认识到个人的主体地位特点，还可以掌控个人的前进方向和命运。但有的学生做事情过于依赖他人，缺少主动性，一次没有找到工作就垂头丧气，没有了找工作的积极性。也有的学生希望父母和学校给予帮助，而不是通过其他渠道寻找工作，有的学生甚至懒得参加学校的招聘会。

（四）进取心

国家之间的竞争、个人之间的竞争是普遍存在的，当前社会是竞争的时代，拥有竞争意识对于人们的生活及工作都有很大的影响，在找工作上积极性、进取心也是重要的影响因素。假如缺少积极的上进心，在世界上就很难取得成功，假如拥有乐观的心态，珍惜每一次面试的机会，那么就会提高成功的概率。

二、职业生涯决策能力

大学生获取与职业相关的信息并做出正确的选择，以确保实现顺利就业的能力，就叫作职业生涯决策能力，这种决策能力对于个人的职业生涯规划以及决策有着非常重要的作用。其中包括收集信息、自我评价、行动规划以及问题解决的能力。

（一）收集信息能力

人类社会的发展进入了信息大爆炸的时代，从企业的经营策略到个人的求职申请，无一不需要收集资讯信息。因此个人对信息收集的能力在某种程度上决定了某人在事业上的成功率。互联网是我们交流沟通的平台，由于互联网信息传播速度非常快，并具备信息共享的特征，所以新的技术和方法可以很快地在互联网上涌现出来。这就需要大学增强学生们的信息收集能力，让学生们意识到，在互联网上收集信息是最为方便的方法，在遇到问题的时候，能够第一时间想到互联网并进行搜索。各高校要使用多渠道宣传互联网的优势，让更多的学生掌握网络使用技巧。

（二）自我评价能力

针对个人进行的行为特点判断及评价，叫作自我评价。通过自我评价活动来调整教学内容，是教师们应掌握的一种能力，从学生就业的角度来看大学生也要掌握自我评价能力。在自我观察及分析的基础上，可构建出科学的自我评价模式。开展自我评价，必须遵循以下几点原则。

①适度性：不过高或过低地评价自己。

②全面性：既要看到自己的优点和特长，又要看到自己的缺点和不足；既要对自我某一方面的特殊素质进行具体评价，又要对其他各个方面的整体素质进行综合评价；既要考虑到全面的整体因素，又要考虑到其中占主导地位的重点因素。

③客观性：应努力克服个人主观因素的干扰，努力使自我评价趋于客观和真实。

④发展性：应以发展变化的眼光看待自己，要运用测评手段，使个人能够在短期内获得对自己较为客观的描述和评价，从而客观准确地评价自己。

（三）行动规划能力

为了达到就业的目的，大学生应在大学阶段就要做好充足的准备工作。每个学生选择的事业目标都不一样，所选择的道路也不一样，因此所要进行的准备工作具备针对性。总体而言大学生要做好以下四个方面的铺垫：首先要提升个人的综合素质，其次要加强身体锻炼，再次要提升自己的职业素养，最后要提高自身的职业技能。在确保学习质量的同时，要积极主动地与社会接触，积极参与社会实践活动，积攒实践经验。

（四）问题解决能力

在工作环节，大学生们要具备发现、解决问题的能力，实际上这种能力必须进行后天的学习才能获得。课堂上学习有关的理论知识并进行知识的积累，在理论的指导之下就能逐步提升个人的解决问题能力。在就业之前，学生们要重点分析相关的理论知识，比如运用分析归纳、发现总结等方式去分析问题，并且对问题进行探讨。拥有了强大的解决问题、发现问题的能力，做出的职业生涯决策才更加客观真实。

三、职业生涯决策风格

由于个体的先天遗传因素和后天环境影响的差异，不同的人在面对选择时，决策方式也不尽相同。根据相关专家的研究，人的决策方式可以归纳为理智型、直觉型、依赖型、回避型、犹豫型。

（一）理智型

在做决策方面理性的人往往会做出有逻辑性的决策，并且提前充分收集相关信息，以提升决策的准确性，并会分析每一种决策的利弊，从而做出最佳决策。这种类型的人注重信息收集的全面性。学会使用冷静的思维去判断某件事，得出的结论才更加科学。比如某位学生在结束了高考之后，对分数进行评估并且研究了自己感兴趣的几个专业，同时也结合了专业的就业特点选择了心理学、商务英语等专业作为备选，在对高校的招生状况进行了综合性的分析，并总结了不同专业的优点和缺点后，选择了心理学专业。

（二）直觉型

每个人都有各自的直觉，决策方式为直觉型的人是根据现实生活情景当中的感觉以及情感而做出决策的。但这部分人能够在有限的信息当中收集有效信息并快速地做出决策，同时也愿意承担决策的责任，这种类型的人在做出决定的时候都是积极地只凭感觉做事，比如某人会认为即使外面有下雨的可能，但我的心情很好所以就不带伞了。

（三）依赖型

有的学生依赖性过高，这部分学生乐于接受别人的建议，并且无法独自做出决定，这类人在遇到困难时，很少尝试依靠自己的力量去解决问题，他们总是听取父母、老师和朋友的建议，但是别人的建议并不一定适用于自己。比如小刘，他很小的时候就容易随大流,因为他害怕自己做出了错误的决定要对自己的行为负责,在选大学的时候小刘遵循了父母的意见选择了一所医科大学,虽然顺利完成了学业并考取了硕士,但是他对这门学科并没有兴趣导致心情低落,最后得了抑郁症。

（四）回避型

有的学生属于逃避型的人格,在决策上往往拖拖拉拉缺乏果断力,这些人往往不会考虑未来的发展方向,不清楚个人的目的。具体的表现特征是行为上存在隐蔽性,自尊心非常敏感,面对外部的挑战往往会选择回避。

（五）犹豫型

有的人会收集大量的资料信息,但是在决策的时候往往会犹豫。回避型人格是不做任何事情,而犹豫型人格会收集一定的信息。比如小李目前在某家日用品消费公司担任推销员,有两年的从业经验公司提供了很好的福利,还经常组织员工外出游玩,但是小李对自己的工作并不是很满意,因为现在的工作已经没有了向上发展的空间,于是小李四处寻找新的工作,希望可以应聘销售经理的职位,可是这半年来小李对辞职更换工作这件事始终犹豫不决。

四、职业生涯决策原则

做职业生涯决策关系着职业未来的发展趋势,决策必须体现出个人的长期发展愿景。假如做职业生涯决策时非常草率,那这样的职业规划就缺少后续发展的动力,人们很容易丧失前进的激情。做出职业选择的时候要考虑到的因素有很多,比如人们的兴趣、生存发展的需求、价值取向、生活需求等,总体来说以下原则是决定职业生涯的主要因素。

（一）兴趣发展原则

制定职业生涯规划,前提条件是要选择自己所热爱的工作,将热爱的兴趣点变成工作的动力。兴趣是人们最好的老师,如果没有根据个人的兴趣爱好对职业发展进行规划,在面临就业问题时就会感到手足无措,所以在做出职业生涯决策的时候,不但要选择感兴趣的职业,同时还要积极地发展个人的兴趣爱好。

（二）能力胜任原则

对职业生涯进行规划,最好的结果是挑选一份既喜欢又擅长的工作。学生们可以根据个人的优势和劣势进行仔细的分析,要将个人的能力特征以及性格特征作为考虑问题的出发点,挑选出感兴趣的工作领域。

（三）利益整合原则

保持事业的稳定性关键是寻找一份报酬满意的工作，人们的职业是个体赖以生存的一种方式，职业的存在是为了获得物质和精神上的双重满足。个人的职业选择不仅要满足个人的兴趣和特长需求，还应考虑到所在行业的现状以及未来的发展趋势，因此在做出职业选择的时候，要把个人的预期以及经济回报率考虑在内。

（四）社会需求原则

合理的事业规划不仅要有好的计划，也要符合社会发展的长远要求，但是社会需求在急剧地发生变化，新的需求正在更新，而传统的需求逐渐被淘汰，这给大学生的就业选择带来了挑战和机遇。面对社会的需求以及未来的发展方向做出正确的判断，对大学生的择业选择具有重要的意义，因此在做职业的选择时，除了要考虑到个人因素，还要和时代环境相结合。因此在未来的职业生涯规划当中，人们要挑选合适的工作，并要与社会需求相匹配。

五、大学生职业生涯决策的任务

高校毕业生的就业选择是就业过程当中非常重要的环节，从大学生的角度来看，要深刻地认识到自己能做什么，会做什么，经过认真的思考再选择职业。整体上来看学生要选择和个人相适应的职业发展方向，并制定出合理的职业发展目标。

建议应用分解法以及倒推法，把职业生涯决策任务划分成短期目标。而大学生的职业生涯规划可根据学校的教学规划划分时期，然后再选择相应的路径。

第二节　影响职业生涯决策的因素

选择大于努力，选择对了可以少走弯路，直线走向成功，选择错了，既浪费时间又浪费精力。而选择也是累积的，正如一步错步步错，所以好的选择对我们非常重要。职业生涯选择往大方向说即职业生涯决策，职业生涯决策是个人根据各种条件，并经过一系列活动以后，进行的目标决定。在职业生涯规划（职业规划咨询、职业规划培训）中职业生涯决策也是很重要的一部分。

一、职业生涯决策的影响因素

职业生涯决策的影响因素是多方面的，包括受教育程度、家庭因素、职业因素、个性因素和环境因素等。

（一）受教育程度

一个人的受教育程度与他的职业生涯决策关系密切，因为受教育程度会对劳动者的知识结构、职业能力和职业价值观等产生重要影响，而这些恰恰是职业生涯选择和决策的决定性因素。

（二）家庭因素

国内高校学生做出职业生涯决策时，会受到家庭因素的影响。每个家庭都具备一定的职业观念，而父母的人际关系态度及价值理念等都会传递给子女，所以会存在着间接以及直接的影响力。

（三）职业因素

所选择行业的特点、现状、未来趋势、就业竞争状况等因素，对个人的职业生涯决策具有重要影响。

（四）个性因素

个性因素是影响职业生涯决策的关键因素，个性主要包括性格、气质、能力及能力倾向、价值观、态度等。不同性格、气质、能力的人适合不同种类的工作。

（五）环境因素

当前社会经济发展的状态、产业结构转型和社会环境，对个人的职业选择与发展有着不可忽视的影响，因此个人在做出职业选择的时候，必须综合考虑以上几种因素。另外，个人也需要留意那些阻碍职业生涯选择的因素，比如信息过多、信息不充分等都会导致职业生涯选择困难。由于大学生缺少与决策相关的知识和经验，很容易导致决策错误，而焦虑、急功近利、随波逐流、虚荣攀比等心理也会引发错误的决定。

二、常见的决策误区

（一）决策意识淡薄

"00后"的大学生虽然已经初步接触到了职业生涯规划课程，但是没有产生深刻的认知，不能很好地发挥出主体作用。一些大学生的职业生涯规划意识不强，缺少行动能力，没有清晰地认识到就业形势，这部分学生认为只需要跟随社会发展的大方向，就能做出正确的决定，在职业生涯决策上不愿意付出更多的努力，由此导致的结果是没有独立做出决策的能力，希望他人协助个人做出决定，对自己的选择持消极的态度。

（二）信息获取不充分

收集到的职业信息是否充足，对职业生涯决策的成效有非常大的影响。有的学生是通过教师、家人、朋友等途径获取职业信息的，但是这些职业信息数量非常少，随着行业的发展变化，人们很难对职业信息进行广泛的收集；而有的学生盲目地依赖于实习期间获得的工作经验，但这些信息都是支离破碎的，无法帮助学生们根据实际情况做出最佳决策。

（三）缺乏决策主动权

职业生涯决策方面，个体需要拥有决定权，如果没有决定权，个体的职业生涯选择就不可能实现。对于高中生来说，学生们只有一个努力的方向，那就是考上大学，因此学生们在爱好兴趣等方面的考虑比较少，没有太多的决策机会，在填报志愿方面也是由家长及老师给予建议。上了大学之后，部分学生们虽然有了一定的自主选择权利，但是在重大问题上还是要靠父母来做决定，这就造成了大学生在决策能力上有所欠缺。

三、影响职业生涯决策的阻力因素

我们在做职业生涯决策时，要考虑三个方面的因素：个人因素、家庭因素和社会环境因素。

（一）个人因素

①知识经验因素。个人缺少经验和知识，使用到的决策技巧和程序存在问题，就会导致职业生涯决策存在困难。

②个性特征方面的因素。比如意志薄弱、依赖他人、缺乏自信心、非理性信念的影响、动机冲突、能力等都属于个性特征方面的因素。

在选择个人职业上外部因素会产生直接或者间接的影响，比如有的人喜欢从事销售岗位，但是家人及朋友表示女孩子做销售不合适，建议去做教师等，在这种情况下假如没有充足的自信心，并且还存在着依赖心理，那么个人的事业就会遭遇波折。在职业生涯相关理论当中，有一种观点认为，大部分职业困境都是由于个人对自己和社会产生了错误的认知导致的。

（二）家庭因素

没有一个人可以完全离开家庭或者社会，我们与身边的家庭成员、朋友是密切联系的，这种关系会对我们的决策产生影响，大学生的职业选择也会受到父母及朋友的影响。即使进入社会成家以后，人们在做出某些决定时，也会受到家庭成员的影响。

（三）社会因素

影响职业选择的因素有很多，在选择职业时，个人和家庭因素虽然是考虑的重点，但同时也要把社会因素考虑在内，比如当前的经济、历史、政治、文化等因素，它们同样会对职业选择产生影响。

1. 地域的影响

本书认为城镇大学生以及乡村大学生在总体就业决策上没有明显的差别，这是由以下因素造成的。首先我国已经实现了高等教育大众化，根据国际通行的标准来看，高校已经不再纯粹地应用精英培养教育模式，政府也给出了专门的拨款让更多的学生有机会上大学，这就让更多的农村学生获得了更好的教育机会，从而缩短了他们和城镇学生在教育层次上的距离。其次，在城镇化过程当中，城乡之间的鸿沟越来越小，边界也变得越来越模糊，特别是经济发达的沿海地区已经形成了完整的城乡发展协调模式，农村经济同样在进步，农村居民的生活水平也得到了极大的提升，并且能够独立承担教育活动的费用。另外农村居民在孩子的教育问题上也变得更加重视，希望自己的孩子能够接受更好的教育。

2. 榜样或舆论的影响

同龄人、社会上专业人士的见解，也会对大学生的择业带来影响。很多学生表示曾经受到过社会楷模的影响。这部分学生喜欢将劳动典型作为参考标准来设置事业目标，往往会忽略个人的兴趣爱好。社会舆论也会对大学生择业产生影响，有些大学生会忽略自身的条件去从事受人尊敬的工作，如教师、医生等。

四、大学生职业生涯决策的困难

在实践工作当中，一些人能迅速地做出职业选择，而另一些人却面临着职业选择的困境。导致这些问题的原因有多种，包括没有足够的心理准备，缺少充足的科学决策能力，没有足够地认识自己等。对于大学生来说，择业就业是需要提前考虑的，这样在即将面临毕业的时候，就能够合理地应对。

（一）大学生职业生涯决策困难的特点及产生的原因

1. 大学生职业生涯决策困难的特点

第一，女生比男生存在更多的职业生涯决策困难。

男女之间有不同的差异，这是由于女性的个人及生理特点所决定的，在选择就业岗位时，学生会更多地考虑职业的匹配性、工作环境以及稳定性。从社会环境方面来看，由于男女角色的传统认知的影响，女性的就业机会相比男性要少。

第二，多数大学生的职业生涯决策困难源于"信息焦虑症"。

对比分析就业生涯决策有困难以及无困难的学生就会发现，他们之间存在着明显的差别，对比那些在事业决策上没有问题的人，在决策上出现问题的人往往会偏向于理想化并且喜欢收集更多的信息，但是信息过多会引发信息焦虑进而导致选择障碍。

2. 大学生职业生涯决策困难产生的原因

大学生在择业过程当中面临着许多问题，如心理准备不足、信息缺乏，这主要是因为很多大学生对个人的职业定位不明确，受到高薪诱惑以及家庭因素的影响导致的。社会上不正确的职业观念以及决策观念也会对学生产生负面影响，如有人认为必须在大城市工作，这样才会有更多的机会。

（二）职业未决状态

通过对大学生职业生涯决策困难以及自我认知状况的调查发现，大学生职业生涯选择的不确定性较大，之所以会出现这样的状况，首先是因为大一及大二的学生没有面临直接就业的压力，大多数都处于观望的状态，对他们而言有很多时间去考虑就业问题。其次是社会上的就业形势相对严峻，导致人们心浮气躁，在大三的时候有很多学生选择了考研，这是一种逃避就业的方式，在考研道路上学生们也会感到困惑。大学就业指导机构要在大一新生时就对学生进行职业规划以及就业实践的训练指导。在复杂的社会环境下，学生作为社会行动的主体必须提高自己的判断能力。

第三节　职业生涯决策的原则及步骤

职业抉择是职业生涯规划中一个非常重要的环节，职业抉择正确与否，将直接关系到事业的成败。

一、职业生涯决策的原则

对于学生的职业规划来说，要深入分析职业规划遇到的问题，并且把握职业规划的技巧和方式，从而做出科学的职业规划，在进行职业生涯决策时应遵循下列原则。

（一）客观性原则

职业规划当中客观原则是第一位的，做好决策必须要做到实事求是，根据现实状况做出决定。

1.客观认识自我

按照职业生涯测试的标准分析个人的兴趣、能力、价值观、个性特点等。对个人的思想有了全方位的了解之后，再来判断自己将来适合干什么样的工作，选择的岗位是否与个人匹配，并制定出职业生涯的发展目标。

2.客观评估职业

利用多种渠道获得相关的职业信息，并且将个人的家庭状况、社会需求、就业机会等因素综合起来，对就业岗位进行合理的评估。

考虑到了这些因素之后，如果最喜欢的就业岗位无法得到，就可暂时选择其他岗位。

①根据社会需要做出新的选择，走另一条职业道路。

②选择一种与自己的"理想职业"相接近的职业，继续接受教育培训，积累就业经验。

③先到社会上容易就业的岗位上去工作，再根据自己在这一岗位的工作情况，决定是否进行职业流动。

（二）生存优先原则

从2011年开始，国内的高校毕业生数量以2%左右的速度在不断地增加，根据相关部门的预测，如果不包括已经毕业的大学生以及已经从海外回国的学生、待业大学生，每年的就业人数达到了1 000万人。

在这种复杂的就业环境之下，如果人们依然不能转变传统思维，认为上大学拿到了文凭，就应该当白领，只要不是高工资的工作就不愿意从事，必然碰壁。大学毕业生首先要找到一份可以维持生活及经济独立的工作，然后才能够寻求更高层次的工作。

（三）兴趣所在原则

选择职业一定要考虑到个人的兴趣爱好，要求大学生在选择职业的过程当中，恰当地考虑个人的兴趣爱好，只有热爱这份工作才能带来成就感，而这份工作也才能够让学生产生更多的乐趣。兴趣及爱好并不是唯一的推动力，有时候也会成为负面的力量。比如有的学生一味沉迷于个人的兴趣，却没有形成技术专长，无法打造出个人的职业优势。有的学生有大量的兴趣爱好，但是和个人的专业不相符，给他们的择业决策带来了困扰。这就要求学生们进行职业规划要根据兴趣点做出客观的分析再进行调整，但是在无法实现的情况下，也要结合社会的需求做出新的选择。

（四）自身优势原则

挑选个人的职业要把个人的优势发挥出来，每个职业对于人们的素质要求各不相同，人的精力也是有限的，不可能将所有的技能都学会，所以选择职业一定要考虑到个人的特长，这样有助于人们顺利完成本职工作，同时强化了个人的职场竞争力。

二、职业生涯决策的步骤

（一）列出职业选项

咨询者首先需在平衡单中列出有待深入评价的潜在职业选项（3～5个）。

在整体上，我们可以将目标决策分为三个步骤。

第一，选择目标，并要确保这些目标都是明确的、具体的、现实的。

第二，设定目标，确保目标的达成是可衡量的和现实的。

第三，制订行动计划，并确保这些计划都是以行动为导向的，是可追踪、可评估、可调控的。

1.选择目标

在前面提到过，每个人的生活可以有很多种选择，但是毕业之后只能选择一份工作从事，经过一段时间的磨炼之后，才能选择其他工作。所以要求学生们一定要设立清晰的就业目标，将个人的职业生涯规划、个人的教育背景及技能、身体状况等因素都考虑在内，设置目标的时候一定要确保目标能够实现，目标定得过高就会被拖延，具体可以按照以下阶段划分：

短期的：大学期间的学年目标，以 1 年为期限；

中期的：大学毕业后要实现的职业生涯目标，以 3～5 年为限；

长期的：面向大学毕业后 3～5 年而设，以 5～8 年为限。

更长远的目标确定或行动计划是很不现实的，短期的目标才是最为重要的。比如计划到澳大利亚留学深造，可以设置如下目标。

短期：大二了解澳大利亚留学的要求；大三雅思成绩达到 6 分或更高，并且确保自己的平均绩点（GPA）保持较高水准；大学毕业后顺利申请到澳大利亚的大学留学。

中期：本科毕业后到澳大利亚留学，并获得硕士学位。

长期：利用海归的教育背景，在跨国贸易公司获得一个中层管理者的职位。

2. 设立目标

设定目标以后要设置子目标，并制定出具体的实现路径。子目标要搭配一定的衡量标准，以对目标的实践进行指导，比如：

最终目标：大学毕业前英语水平达到优秀；

子目标：通过英语六级考试，并且雅思成绩达到 6.5 分以上。

在这个示例中，"通过英语六级考试""雅思 6.5 分"就属于可衡量的。两类考试都有具体的、规定的考试时间，并且分数提供了具体的参照标准。

每一个人对个人一生的成长都要制定出人生目标，其中涵盖了人生的理念、短期及长期的任务等，而职业生涯规划也要制定出相应的时间表，并制定出各种各样的目标。

对于学生而言，确立一个清晰的目标是非常关键的。制定目标的方式有三种，一种是长期的，一种是中期的还有一种是短期的。在每一个阶段学生们要自我提问，比如"我希望以后的生活有什么样的成就"，在了解了这些问题以后，要把答案写下来。刚开始的时候这种方法可能并不实用，但随着时间的推移慢慢地就会找到真正的答案。

3. 制订行动计划

对于最终目标和每个子目标，都需要有具体的行动计划来予以支撑。行动计划必须是非常具体的，包括把目标变为行动的具体措施、资源支撑、时间限定等。

对于短期的子目标，你的行动应该是可以马上开始着手做的事情。我们可以看以下的示例。

最终目标：提高英语口语自信心。

子目标：至少每周一次与英美人士交流，从而提高自己的口语自信。

行动 1：在英语课的课间，主动向外教请教问题，或与他闲聊 2 分钟。

行动 2：下周邀请外教一起喝茶聊天。

行动 3：每周定期参加英语角活动，用英语对话和演讲。

为此，在具体落实规划中，建议学生把握以下原则。

①设定目标的原则：先有大目标，再补充小目标，反之亦然。

②执行具体计划的原则：应按人生计划→两年计划→年度计划的顺序进行。

③"轻重缓急"原则。

④适时修改原则。在实现目标的过程中，难免会产生一些失误，这不要紧，关键是要不断总结、修正，这样才能尽快实现目标。这里特别需要指出的是，毕业生应该在规划时尝试"先就业，后择业"，但这里说的"就业"并没有盲目选择的意思。就业和择业的关系，就好比生存和发展。但是，就业不仅仅是为了生存，它也是发展的基础。离开就业，没有积累，没有摸索，何来发展，又谈何择业？因此，能够在就业的同时想到择业的方向，并为此做好相应的准备，在择业的时候顾及就业的实际条件，两者兼顾，那么就一定能游刃有余地应对职场挑战。

（二）判断利弊得失

平衡单中提供咨询者思考的重要得失，集中于四个方面，分别是自我物质方面的得失，他人物质方面的得失，自我赞许（精神方面）的得失，他人赞许（精神方面）的得失。咨询者可依据重要的得失方面，逐一检视各个职业选项，并以"+5"至"–5"的十一点量表（+5, +4, +3, +2, +1, 0, –1, –2, –3, –4, –5），来衡量各个职业选项。

（三）因素加权计分

咨询者在各个方面的利弊得失之间，会因身处不同情境而有不同的考量。因此，在详细列出各项考虑层面之后，须再进行加权计分。即对当时个人而言，重要的考虑因素可乘以 1 ～ 5 倍分数，依次递减。

（四）选项得分汇总

咨询者须逐一计算各个职业选项在"得"（正分）与"失"（负分）的加权计分与累加结果，并计算各个生涯选项的总分。

（五）排定优先顺序

最后，依据各职业选项在总分上的高低排定优先次序。职业选项的优先次序即可作为咨询者职业生涯决策的依据。

（六）评价完善计划

人生的目标往往是基于特定的社会环境和条件而制定或实现的，这样的环境和条件总是处于变化中，因此，目标需要不断地修改和更新。对于毕业生来说，在就业环境的变动下，不断修正、更新职业生涯规划是一个必须要做的功课。建议在此过程中注意以下问题。

①我的人生价值是什么？

②我还有哪些技能和条件？

③我最感兴趣的事是什么？

④我的人格特质是什么？

⑤我是否好高骛远？

⑥我建立自己的就业信息网络了吗？

以上问题的答案可以作为修正职业生涯规划的参考依据。

职业生涯规划关系到每个人一生事业的成败，设计好自己的职业发展路径，是每个学生都要做的重要课题。希望各位同学都能合理地规划自己的职业生涯，通过努力在职场上找到属于自己的位置。

第四节　职业生涯决策的方法

对于大学生而言，正处在个体职业生涯的探索阶段，这一阶段对职业的选择及今后职业生涯的发展有着十分重要的意义。因此，在设计自己的职业生涯时，你需要全面地进行自我分析，做出正确的职业生涯决策，这是非常必要的。

一、卡茨模式

在面临两个及两个以上职业选择时，卡茨模式是最简单易行的决策方法，它主要将职业决策方块作为工具。将每个职业在"回报"和"机会"两个维度的结果呈现在职业决策方块中，回报与机会乘积最大的职业，就具有最大的期望价值[①]。

使用卡茨模式进行职业决策一般遵循以下几个步骤。

①选择供决策的 2 ～ 3 个职业。

②针对每个职业的回报进行优、良、中、差的评价：价值满足程度、兴趣一致程度、擅长技能的施展空间。

③对每个职业的成功机会进行优、良、中、差的衡量：工作能力、必需的准备、职业展望。

④将每个职业在"回报"和"机会"两个维度的结果呈现在"决策方块"上。

⑤回报与机会乘积最大的职业，就具有最大的期望价值。

二、平衡单法

大学生在进行职业生涯决策时，经常会碰到两个甚至两个以上不同的职业发展方案的选择问题，此时，如果能进行直观的量化，可能会使你对自己的职业生涯目标更加了解。职业决策平衡单法和技术可以通过打分的方式，量化你的各项职业选择的分数，帮助你进行职业生涯的决策。

（一）平衡单法概述

平衡单由詹尼斯（Janis）和曼（Mann）设计（1977）。在进行生涯决策方面的实际应用时，由于"自我赞许与否"和"社会赞许与否"仍显笼统，所以台湾生涯规划辅导专家金树人将最后的两项改为"自我精神方面的得失"与"他人精神方面的得失"，就是从"自我 – 他人"，以及"物质 – 精神"所构成的四个范围内来考虑。平衡单可以帮助决策者具体地分析每一个可能的选择方案，考虑各种方案实施后的利弊得失，最后排定优先顺序，择一而行[②]。

（二）职业生涯决策平衡单的操作

职业生涯决策平衡单的操作办法如下。

1. 确定你的职业生涯决策考虑因素

可以从以下几个方面考虑。

（1）自我部分（精神与物质）

本部分又可以分为两方面：一是自我精神部分，包括自己的能力、兴趣、价值观、心理需求（自尊、自我实现）；生活方式的改变、成就感、自我实现的程

---

① 田兆富.新时代大学生职业生涯规划与就业指导［M］.北京：清华大学出版社，2023.

② 郑美群，李洪英，刘丹.职业生涯管理［M］.北京：机械工业出版社，2022.

度、兴趣的满足、挑战性、社会声望的提高、发挥个人的才能等等；二是自我物质部分，包括升迁机会、社会地位、工作环境、工作发展前景、工作内容、休闲时间、生活变化、对健康的影响、足够的社会资源、能提供的培训就业机会等。

（2）外在部分（精神与物质）

本部分也可以分为两方面：一是外在精神部分，包括父母、师长、配偶、家人的支持等；二是外在物质部分，包括家庭经济收入、择偶及建立家庭、与家人相处的时间、家庭地位等。

2. 利用职业生涯决策平衡单进行职业生涯决策

列出你的3个职业生涯发展方向，分别填到表格的职业方案中。具体方法为：在第一栏"职业决策考虑要素"中，根据对你而言职业选择的重要性和迫切性，赋予它权数，加权范围为1～5倍，填写到"权数"一栏。权数即你在进行职业选择时所看重的东西。某要素的权数越大，说明你越看重该要素。

3. 打分

根据第一栏中的"职业决策考虑要素"给每个职业方案打分，每个方案的得分或失分，可根据该方案具有的优势（得分）、缺点（失分）来回答，计分范围为1～10分。

4. 计分方法

将每一项的得分或失分乘上权数，得到加权后的得分和失分，并分别计算出总和（即加权后合计）；再把加权后的"得失差数"算出来，并据此做出最终决定。得分越高，该职业方案越适合你。

分析结果：将平衡单上的原始分数乘上权重，分数的差距变大，最后把"得失差数"算出来，并据此做出最终的决定。

（三）职业生涯决策平衡单的实例

1. 决策平衡单的填写步骤

步骤一：确定你的职业决策考虑因素，如做销售、办公室工作、专升本三个方案。

步骤二：把三个方案填入平衡单的选择项目中。

步骤三：在第一栏职业决策考虑要素中，根据对你而言职业选择的重要性和迫切性，赋予它权数，加权范围1～5倍，填写权数一栏。权数越大说明你越重视该要素。

步骤四：打分。根据每个方案中的要素进行打分，优势为得分，缺点为减分，计分范围为 1 ～ 10 分。

步骤五：计划方法。将每一项的得分和失分乘以权数，得到加权后的得分或失分，分别计算出总和，最后加权后的得分总和减去加权后的失分总和得出"得失差数"，并以此分数来做出最后的决定，即比较三个选择方案的得失差数，哪个方案得分越大，哪个方案越适合你。

2. 背景资料

王某某，女，青岛某职业院校计算机专业的三年级学生，性格外向，开朗活泼，喜欢与人交往，口头表达能力很强，是学院学生会干部，组织能力强。还有半年就要毕业了，她考虑自己的职业有三个发展方向：中学信息技术教师、市场销售总监、考取计算机专业本科生。

以下是她的具体想法。

①中学信息技术教师。王某某认为这个职业是她的本专业，存在最大的专业优势，工作也比较稳定，但目前社会需求量并不大。

②市场销售总监。王某某希望用 10 年的时间能实现这个目标，认为这个职业符合自己的性格、兴趣的需要，同时她也有利用暑期和课余时间兼职做过一些销售的经历，她认为可以利用自己的专业来更好地辅助销售工作。

③考取计算机专业本科生。王某某的父母都是高校的老师，他们希望王某某能够再继续深造，专升本以后继续考研究生，进而到大学任计算机专业教师。但王某某认为虽然高校教师工作稳定，收入也高，但她不喜欢计算机专业的教学工作，且考研也有一定的困难。

3. 分析职业生涯决策平衡单

王某某通过职业生涯决策平衡单的决策之后，她的决策方案的得分：市场销售总监＞专升本＞中学信息技术教师，综合平衡之后，市场销售总监较为符合小王的职业生涯目标。在进行职业选择时，小王择业最为看重的因素包括是否符合自己的兴趣、职业价值观、职业是否有发展空间、是否能满足自己的理想生活需要等几个方面。

三、职业生涯决策模型理论

（一）职业生涯决策模型理论的内容

从 20 世纪 60 年代开始，人们对做出职业决策的过程展开了研究，希望在各种不同的因素作用下，能够进行理性的选择和决策。由此产生的理论主要由三种模型组成，即描述型模型、诊断型模型、描述诊断混合型模型。

1. 描述型模型

由泰特曼（Tiedeman）和奥哈拉（Harn）分别提出，基本内容为职业生涯决策是一个完整的过程，由一系列不断递进的阶段组成。第一阶段是参与阶段，完成探索—定型—抉择—测试等工作，即了解和收集信息，确定几种可选择方案，并选择其中一种，再进一步给予检验；第二阶段是履行和调整阶段，完成定向—变动—调整等几项工作，即初步接受并履行所做的选择，努力完成工作任务并希望得到发展，然后在这一过程取得个人选择和环境要求之间的平衡。

2. 诊断型模型

奇兰特（Gelatt）等人认为，应该运用科学方法进行职业生涯决策。在强调主体价值观、期望值和客观可能的重要性的同时，以理性的方式进行决策，经过循环往复，以一定的标准计算出收益和投入成本之比，最大值者即最优方案。

3. 描述诊断混合型模型

综合以上两种模型的特征，提出谨慎的决策者具有七个方面的特征：对各种选择方案进行广泛而全面的考虑，审查各种方案的价值和目标，认真权衡各种选择方案的正反两方面结果，获得相关信息，吸收所有得到的新信息，决策之前对选择方案进行反复审视，为实施方案准备条件。决策理论运用了经济决策原理来分析和研究职业行为，为编制职业决策能力量表和计算机辅助指导提供了理论基础。其中，理性地诊断职业选择和职业发展障碍的思维方法，成为职业设计和职业管理良好的工作思维方式。

（二）职业生涯规划决策——CASVE 循环

职业生涯规划决策是一种问题解决活动。对有关职业问题的解答，如同对数学问题或科学问题的解答一样。学习职业生涯规划决策技术中的 CASVE 循环（一种职业生涯规划决策技术，包括沟通、分析、综合、评估和执行五个阶段），可以帮助提高这方面的能力。CASVE 循环包括五个阶段，即沟通、分析、综合、评估和执行，CASVE 就是这五个词的英文单词首字母。它可以在整个职业生涯的问题解决和决策制定过程中提供指导。这一循环如图 6-1 所示。

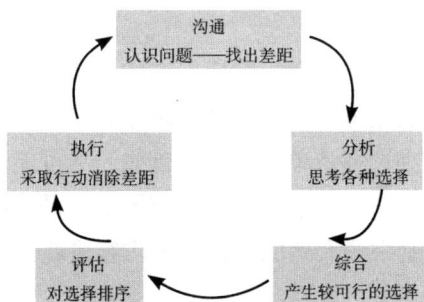

图 6-1　CASVE 循环

1. 沟通

在这个阶段，我们收到了关于职业理想与现实之间存在差距的信息。这些信息可能通过内部或外部交流途径传达给我们。内容沟通包括情绪信号如不满、厌烦、焦虑和失望，身体信号如昏昏欲睡、头痛、胃部不适等；外部沟通包括父母对你的职业规划的询问，同事、朋友对你职业的评价，或者是杂志上关于你的专业正在逐渐过时的文章。

这是意识到自己需要做出选择的阶段。在这个阶段，我们通过各种感官和思考充分接触问题，发觉存在的差距已不容忽视。

2. 分析

在这个阶段，职业生涯问题解决者需要花时间去思考、观察、研究，从而更充分地了解差距，了解自己有效地做出反应的能力。好的职业生涯问题解决者通过抑制冲动行事来减少在沟通阶段所体验的压力或痛苦，因为他们知道，这是无效的，甚至可能令问题恶化。他们需弄清楚如下问题：要解决这个问题我需要了解自己的哪些方面，了解环境的哪些方面，需要做些什么才能解决问题，为什么我有这样的感受，家庭会怎样看待我的选择等。

这是了解"我自己"和"我"的各种选择的阶段。在这一阶段，职业生涯问题解决者通常会完善自我知识，不断了解职业世界和家庭需要。简单地说，在分析阶段，职业生涯问题解决者应尽可能了解造成第一阶段所发现的差距的原因。

分析阶段还需要把各种因素和相关知识联系起来。例如，把自我知识和职业选择联系起来，把家庭和个人生活的需要融入职业选择中。

3. 综合

这一阶段主要是综合和加工上一阶段提供的信息，从而制定消除差距的行动方案。其核心任务是，通过确定"我"可以做什么来解决问题。

这是一个扩大并缩小选择清单的过程。首先，尽可能多地找到消除差距的方法，发散地思考每一种方法，甚至采用"头脑风暴"进行创造性思维。然后，缩小有效方法的数量，头脑中最有效的记忆和工作容量就是这个数目。

4. 评估

评估阶段将选择一个职业、工作或大学专业。

第一步是评估每一种选择对职业生涯规划决策者和他人的影响。例如，如果选择了服兵役，这一选择将会给自己、伴侣、父母、孩子等重要的他人带来什么影响？每一种选择都要从对自己和对他人的代价和益处两方面进行评价，并综合物质上和精神上的因素。

第二步就是对综合阶段得出的选项进行排序。将能够最好地消除差距的选项排在第一位，次好的选项排在第二位，以此类推。此时，职业生涯规划决策者会选出一个最佳选项，并且做出承诺去实施这一选择。

5. 执行

这是实施选择的阶段，把思考转换为行动。很多人都觉得在执行阶段制订行动计划是令人兴奋的和有价值的，因为他们终于可以开始采取积极行动去解决问题了。

6. 再循环

CASVE 循环是一个不断重复的过程，在执行阶段之后，职业生涯规划决策者又回到沟通阶段，以确定已经选取的选择是不是最好的、是否能最有效地消除理想与现实间的差距。

第七章　大学生职业生涯规划的自我实现

由于高等院校连年扩招等一系列原因，大学生的毕业人数逐年增长，就业竞争越发激烈，毕业生面临着一年比一年严峻的就业形势，就业压力进一步增大。为了提高毕业生的竞争优势，缓解其就业压力，国内高校开始重视对大学生进行职业生涯规划方面的指导，为大学生就业问题提供一些解决思路，对解决大学生就业难的问题发挥重要作用。

值得我们注意的是，大学生职业生涯规划并不单纯地等同于就业指导。大学生职业生涯规划是一个长期的、动态的过程，贯穿了他们人生的绝大部分时间，就业只是其中的一小部分。因此，我们需要在解决当下就业难的燃眉之急的同时，帮助大学生从根本上认识职业生涯规划的重要性，并培养其养成在未来的职场生活中善于规划的好习惯。

第一节　职业生涯规划的相关概念

大学生个人职业生涯的良好发展，离不开最初的个人定位，以及对自己整个职业生涯的规划和根据该规划所进行的努力。

一、职业生涯规划的含义与目标定位

职业生涯规划是指个人结合自身条件和现实环境，确立职业目标，选择职业路线，制订相应的培训、教育和工作计划，并按照规划实施具体行动，完成职业目标的过程。职业生涯规划的基本内容包括设定职业生涯目标、明确职业意向、分析职业素质、决定职业选择，如图 7-1 所示。

图 7-1 职业生涯规划的基本内容

开展职业生涯规划，首先要做的就是进行精准的目标定位，确立未来的发展方向，并按照方向去努力，大学生很多的时间是待在校园内，较少感受外部的就业环境，所以制定目标的时候很容易出现偏差，所以大学生一定要制定出清晰的目标，不能表现得不切实际。同时也要关注社会环境的变化，及时调整个人的职业规划目标。

有效的职业生涯规划不是简单制订一个宏大目标就可以了，而是要制订一个切实可行的目标，并且可以根据环境、个人情况变化适时地调整修正。大学生制订职业生涯规划，可以减少自己在人生道路、前途选择上的徘徊犹豫。以下以灵活就业的案例来进行说明。

灵活就业成就职业生涯规划：刘某是某大学计算机专业的本科毕业生，他立志在计算机行业里"混"出一番成绩。毕业时，为了照料生病在床的母亲，作为独子的他选择离开大城市，回到家乡，在当地找了一份工作。直到两年后母亲身体恢复健康，刘某辞掉了工作，来到大城市投靠同学，经过几番周折，最终在城里不仅找到了与计算机相关的工作，当了程序员，而且成了部门领导，并将父母接到了城里。

刘某因为家里的原因（所处环境）放弃了最初的职业规划，然而当又有新的选择时，他重新"回归"职业规划，在不停地修正过程中完成了自己的职业生涯规划。

二、职业生涯规划的原则和常见问题

大学生的长远发展会受到职业规划的影响，合理的规划可带领学生们向着目标前进。在规划过程当中，大学生们必须遵循对应的原则，以下内容主要讲解职业生涯规划的原则以及常见问题。

（一）职业生涯规划的原则

制定职业规划不能随心所欲，应遵循职业规划的基本原则，把握其中内在的规律，具体可遵循以下原则。

1. 目标导向原则

首先一定要选择正确的目标，以目标当作规划的导向，这是最为重要的原则，即使失败了，也要继续努力调整目标方向。

①目标要明确，目标要有针对性，主要解决的问题要明确。

②目标要具体，目标可以有具体的衡量标准，如实现目标的准确期限、有关的约束条件等。

③目标要系统，全面考虑规划目标在职业生涯发展中的主次、先后关系，建立起层次结构分明的目标体系。

④目标要切实可行，目标应依据个人的能力、所处环境、某些不确定因素的影响等来制订，避免制订一些不太现实甚至纯粹空想的目标。

2. 相适应原则

岗位的需求特点会根据社会的发展变化出现改变，比如出现了新兴产业与此相适应的新岗位就会出现，而传统的岗位就会消失，所以制定职业生涯规划应结合社会发展的趋势。

3. 相匹配原则

在规划个人职业道路方面，要把个人的规划与个人的特点相结合，发挥出个人的优势。比如英语能力较强的学生可以选择外贸行业，一定要分析所在行业的特点，再制定出相应的匹配目标。

谢某是某重点大学工商企业管理专业的应届毕业生。她的目标是毕业后进入知名企业从事管理工作，她认为那样的单位不仅待遇较高，而且受人尊敬。为此，她努力学习，读书期间成绩也很理想，还拿过两次奖学金。从大四开始，她就陆陆续续向各大企业投递简历，并参加各种现场招聘会和网络招聘活动。投出的简历也有近百份，但很少有回复，只有两家公司通知她面试，但最后都没有被录取。虽然有几个其他单位愿意录取她，但她觉得所从事的工作与自己所学专业完全不对口，都一一拒绝了。谢某心想，毕竟学了几年的管理，到头来放弃专业，岂不浪费了这几年所投入的人力、物力和财力？

大学毕业生在择业时要结合市场需求和个人专长，适时进行择业的调整，做好职业规划。专业对口固然好，但是学校培养学生，除了专业知识，还有各种辅修课及其他综合素质的培养，当专业与职位发生冲突时，可以结合自身的特点和优势，来寻找能够发挥个人专长，又能够在一定程度上发挥专业优势的职业，把眼光放长远一点，而不是一味地追求专业对口。

4. 结合原则

职业生涯规划中的相结合原则主要包括：抽象与具体相结合、确定性与非确定性相结合、质化与量化相结合、实力与挑战相结合、自己主见与他人意见相结合。

①抽象与具体相结合。在进行职业生涯规划过程中，有些地方要抽象、模糊，有些地方则要具体、清晰。比如，战略考虑可以抽象，但具体措施则必须清晰。

②确定性与非确定性相结合。一般来说，在职业生涯规划过程中，职业生涯的大方向是确定的，而实现职业生涯最终目标的具体方法、途径、手段等则相对灵活。

③质化与量化相结合。在职业生涯规划过程中，某些问题需要通过质化和量化相结合的方式才能实现最终目标。比如职业方向、最终的职业目标就应注重质的规定性。而具体目标的实现时间、实现手段、实现形式等，则必须量化，以便随时了解实践状况，从而进行修正或强化。

④实力与挑战相结合。职业生涯目标的抉择是以自己的实力为依据的，即自己的最佳才能、最优性格、最大兴趣等条件，否则设计一个好高骛远的目标就很难实现。但作为一个大学生，设计的职业生涯目标应适当高于本人的实力，这样才能最大限度地发掘自己的潜能，取得更大的成功。

⑤自己主见与他人意见相结合。自己的职业生涯规划当然应该有自己的主见，这样才能积极、主动地实现自己的目标。但是大学生的人生观、价值观等都还未完全形成，单凭自己的能力来完成职业生涯规划还有一定难度，此时，大学生们应该认真听取他人的意见，这样才有助于更全面地掌握信息，更深入地分析问题，以最小的偏差做最正确的决策。

5. 实践性原则

通过制定职业生涯规划，可以对职业发展进行指导，但与此同时学生们要进行实践，通过实践来了解职业目标是否准确。因此实践性原则要求学生客观地看待内外部的条件，对社会的需求进行分析。

（二）职业生涯规划的常见问题

从大学生的视角来看，职业生涯规划是最为基本的就业指导内容，但有的学生依然没有掌握科学规划的技能，具体问题有以下几点。

1. 职业生涯规划意识淡薄

部分学生们不具备自我规划的思想认知，没有根据个人的实际状况，制订出科学的规划方案。而且一部分学生对未来的工作岗位充满期待但是没有进行了理性的思考，制定出来的职业生涯规划并不切合实际，缺少严谨性。

2. 职业价值取向有偏颇

一部分学生制定出的职业规划过于偏向薪酬待遇、工作环境及地点因素，所以忽略了职业生涯规划的客观实际意义，一旦面对不理想的工作岗位就不愿意就业，所以引发了就业困难。

会计专业的小邓在学校的成绩一直不错，而且该专业在学校属于热门专业，时常会有企业前来选拔人才，所以小邓觉得毕业后找工作问题不大，抱着这样的态度，她一开始只向高收入、高福利、高地位的大企业投简历，结果投了十多份简历都没有得到面试的机会。此时，小邓内心有点着急了，开始重新定位企业，也顾不上精挑细选了，匆忙投了三四十份简历。最终，有一家公司愿意录用小邓，但因为用人单位开出的工资待遇低于小邓的心理预期，她毅然放弃了这个工作岗位。目前，小邓还在继续寻找工作。

上述案例中主人公小邓的问题在于对自己的期望值过高且定位不准确，从而导致就业失败。毕业生要客观分析目前的就业形势和自身实际，切忌眼高手低。大学生不要怕从基层干起，无论什么样的工作岗位，只要有好的表现，用人单位都会给你一个发展空间，满足你对职业目标的追求。

3. 自我认识不足

职业生涯规划上有一部分学生产生了自我认知偏差，没有充分地认识到个人的能力，因此在自我认知方面要了解个人的优势劣势等，虽然问题比较简单，但是有很多学生很难客观清晰地评价个人的能力。

4 年前，某师范大学语言专业毕业的小张，跟同班同学一起由学校推荐到一家中学任教。她从一名普通的教师晋升到中级教师，再到高级教师，经历了几次岗位变动后，便不再变化，这使小张对自己的职业道路感到很迷茫。她也曾有过很多想法，却不知道该通过何种方式将自己的理想变为现实。她时而觉得自己能力很强，什么工作都可以胜任；时而又对自己信心不足，觉得自己再升级为年级组长的可能性不大。小张矛盾重重，犹豫不定，不知未来的道路该如何前行。

主人公小张，存在的问题是对自己没有一个正确的评估，没有充分认识到自己的优势与劣势。因此，不能扬长避短，正确规划自己的职业，从而造成自己信心不足，举棋不定。

4.缺乏对职业生涯规划的认识

职业生涯是一个动态的发展过程，每一阶段对职业的认识、理解都会有所不同，随着自身的成长，需要循序渐进、动态地调整职业规划。

职业生涯规划的"动态过程"主要体现在以下四个方面。

①大学阶段与学业规划紧密结合。部分大学生凭"感觉"、随"潮流"规划职业，若与大学生活、学习目标脱节，职业目标就会成为空想，也就没有了学习的动力。

②多个阶段规划的融合。大学生活的每一阶段都能体现学业规划与职业规划的紧密结合。有了学业才会有职业，这个道理很简单。水滴石穿，积少成多，多项学业的进步，终将促成职业目标的实现。

③社会实践体现职业能力。有的大学生为了增加职业经验，选择了丰富多彩的兼职项目，如家教、促销员、营销员等；有的大学生则选择通过考证来增加择业"分量"，认为证书就代表能力，如驾驶证、教师证等。总体来说，大学生社会实践活动缺乏围绕职业定位的方向性，虽耗费了大量的时间和精力，却收效甚微。

④及时反馈机制。大学生正处于对自身世界和外在世界的认识、评价、借鉴、深化从而指导实践的过程之中，初入大学制订的职业规划、实践路径与实际情况会不断产生偏差，需要大学生及时总结、调整，并通过有效的机制予以保障，这就需要大学生有较强的自制能力和自我约束能力。

三、职业生涯规划的步骤

大学生职业生涯规划一般包括确定志向、自我评估、职业生涯机会的评估、职业的选择、职业生涯路线的选择、设定职业生涯目标、制订行动计划与措施、评估与反馈八个步骤。

（一）确定志向

在制订职业生涯规划时，首先要确定志向，这是制订职业生涯规划的关键，也是你的职业生涯规划中最重要的一点。

（二）自我评估

只有认识了自己，才能对自己的职业做出正确的选择，才能选定适合自己发展的职业生涯路线，才能对自己的职业生涯目标做出最佳抉择。

（三）职业生涯机会的评估

职业生涯规划要与社会环境特征相匹配，分析当前环境的优点以及缺点进行充分的评估。在掌握了这些因素之后再做出最后的决策，这样的职业生涯规划才能产生价值。

（四）职业的选择

选择职业时至少要考虑以下四点：性格与职业的匹配、兴趣与职业的匹配、特长与职业的匹配、内外环境与职业相适应。

（五）职业生涯路线的选择

在职业生涯规划中，须做出抉择，以促使自己的学习、工作以及各种行动措施沿着你的职业生涯路线或预定的方向前进。

（六）设定职业生涯目标

职业生涯目标的设定，是职业生涯规划的核心。一个人事业的成败，很大程度上取决于是否确立了正确适当的目标。

（七）制订行动计划与措施

在确定了职业生涯目标后，行动便成了关键的环节。没有达成目标的行动，目标就难以实现，也就谈不上事业的成功。

（八）评估与反馈

影响职业生涯规划的因素诸多。有的变化因素是可以预测的，而有的变化因素难以预测。在此状况下，要使职业生涯规划行之有效，就须不断地对职业生涯规划进行评估与修订。

四、职业生涯规划的方法

（一）SWOT 分析法

所谓 SWOT 分析，即基于内外部竞争环境和竞争条件的态势分析，就是将与研究对象密切相关的各种主要内部优势、劣势和外部的机会和威胁等，通过调查列举出来，并依照矩阵形式排列，然后用系统分析的思想，把各种因素相互匹配起来，而结论通常带有一定的决策性。

对自我进行分析，S 代表 strength（优势），W 代表 weakness（劣势），O 代表 opportunity（机会），T 代表 threat（挑战、威胁）。其中，S、W 是内部条件，O、T 是外部条件。

SWOT 分析法是大学生职业生涯规划中比较常用的一种方法。如果确定目标后，对自己做个细致的 SWOT 分析，那么，就会很明了地知道自己的个人优点和弱点在哪里，以扬长避短。针对自己的优势、劣势制订有效的计划和措施，这些计划和措施也是大学生职业生涯规划书的重要组成部分，一般来说，运用 SWOT 分析法制定自己的职业生涯规划书，应遵循以下几个步骤。

1. 提纲式地列出今后的职业目标

先列出您从学校毕业后最想实现的四至五个职业目标。这些目标可以包括：您想从事哪一种职业，您将管理多少人，或者您希望自己拿到的薪水属哪一级别。请时刻记住：您必须竭尽所能地发挥自己的优势，使之与行业提供的工作机会完美匹配。

2. 列出自己的优势和劣势

（1）优势分析

在制定自己的职业生涯规划书时，如果你能根据自身长处选择职业并"顺势而为"地将自己的优势发挥得淋漓尽致，就会事半功倍，如鱼得水。如果你想让兔子学游泳，则选择了与自身爱好、兴趣、特长"背道而驰"的职业，那么，即使以后再勤奋，耗费了九牛二虎之力，也是事倍功半，难以补拙。制定职业生涯规划书的前提：知道自身优势是什么，并列出自己的优势和劣势，为制订可行的职业生涯规划提供依据。

具体来说，就是要列出以下几点。

①你学了什么。在几年的学习生活中，你从学校开设的课程中学到了什么有价值的东西，社会实践活动提高和升华了你哪方面的知识和能力。

②你曾经做过什么。在学校期间担任的职务，参加过什么社会实践活动，工作经验的积累程度如何等。要提高自己经历的丰富和突出性，你应该有针对性地选择与职业目标相一致的工作项目，坚持不懈地努力工作，这样才会使自己的经历有说服力。

③最成功的是什么。你做过的事情中最成功的是什么？如何成功的？通过分析，可以发现自己的长处，如坚强的意志、创新精神，以此作为个人的魅力闪光点。

（2）劣势分析

同样，职业生涯规划书中要求列出你的劣势和你最不喜欢做的事情。不知道自己的劣势在哪儿，就会盲目高兴，会觉得自己能做好许多事情，从而沉浸在自我优势的圈子里，像井底之蛙，不知天到底有多大。找到自己的短处，努力去改正自己常犯的错误，提高自己的技能，放弃那些对不擅长的技能要求很高的职业。具体来说，职业生涯规划书需要列出的劣势为以下几个方面。

①性格的弱点。人天生都有弱点，这是我们与生俱来且无法避免的。坐下来，跟别人好好聊聊，看看别人眼中的你是什么样子的，与你的自我看法是否一样，指出其中的偏差并借鉴，这将有助于自我提高。

②经验或经历中所欠缺的方面。欠缺并不可怕，怕的是自己还没认识到或认识到了而一味地不懂装懂。正确的态度是，认真对待，善于发现，努力克服和提高。

③最失败的是什么。你做过事情中最失败的是什么？如何失败的？通过分析，避免在以后的职业中再次失败，防止在跌倒的地方再次跌倒。自我认识一定要全面、客观、深刻，绝不能规避缺点和短处。"当局者迷，旁观者清"，尽量多参考父母、同学、朋友、老师、专业咨询机构等的意见，力争对自我有一个全面的认识。

3.职业生涯规划书中的职业机遇和挑战

（1）职业生涯规划书应写明职业机遇

制定出了职业生涯规划书以后要与指导老师沟通，并邀请指导老师进行指导，对规划的可行性进行评估。评价的标准涉及面较广，比如社会经济发展导致的机遇以及挑战。尤其是对机遇进行评估，社会经济发展到一定的地步之后，人们的就业机遇变得更加丰富，而且择业具备了双向选择的特点，所以大学生要主动抓住就业的机遇，没有机遇的情况下，也要积极主动地创造机遇，学会发现身边的机会从而加以利用。

（2）职业生涯规划书要明确挑战

在社会发展的进程当中不仅有机遇，同时也面临着众多威胁以及挑战，这些都属于外部因素，很难进行把控。就业市场的竞争是普遍存在的，有企业之间对人才的竞争，也有同专业学生之间的竞争，因此职业生涯规划书当中要将挑战因素明确下来，针对这些挑战要勇敢地去面对，努力地提升个人的综合能力，将挑战的压力转化成前进的动力。

4.提纲式地列出一份今后的职业行动计划

制定出规划书以后，要根据规划书的内容列出具体的行动目标，并且对每一个目标进行详细的解读。如果需要获得其他帮助，可以将帮助的渠道列出来，比如可以使用 SWOT 法，对职业生涯规划进行总结分析。围绕着未来想要从事的岗位，制订出课程学习方案，并且将方案作为学习的指导性方针。

5.SWOT 分析法的运用

作为大学生，仅仅了解自己和有一个行动方向显然是不够的。SWOT 分析则是职业生涯规划的第一步，它能帮助我们明确自身的优劣势，并思考未来的行动方向。SWOT 分析法，可以对研究对象所处的情境进行全面、系统、准确的研究，从而根据研究结果制定相应的发展战略、计划以及对策等。

下面我们对一个案例进行分析，向大家演示 SWOT 分析法在大学职业生涯规划的运用。

基本情况：王某，男，1999 年出生，2018 年 9 月考入某职业技术学院财经系，2022 年 7 月毕业，目标是进入某会计师事务所，专业方向是注册会计师。

（1）内部环境——优势分析

生活态度比较积极，善于发现事物和环境积极的一面。待人真诚，性格开朗，并乐于与人交往和沟通，善于开导别人。喜欢思考问题，有一定的分析能力，并有寻根究底的兴趣，一定要将事情想清楚。做事比较认真、踏实，有浓厚的学习兴趣和一定的实力，比如英语方面。心思细腻，考虑问题比较细致。逻辑性和条理性较好，有一定的书面表达能力。喜欢能让自己静下心来的工作环境，喜欢与人打交道的工作。

（2）内部环境——劣势分析

竞争意识不强，对环境资源的利用不够主动。做事不够果断，尤其事前做决定的时候老是犹豫不决。学习有些保守，冒险精神不够，没有结合长远目标，并且创新能力有待提高。组织管理方面的能力和实践经验欠缺，做事有时拖拉，不够雷厉风行。不喜欢机械重复的工作，也不喜欢没有计划没收获的忙乱，不喜欢应酬和刻意的事情。

（3）分析外部环境——机会分析

就专业方面来说，现在是一个经济爆炸的时代，各种大中小型民营公司以及合资、外资企业如雨后春笋般萌发，但往往各企业并不能同时拥有正规并且成熟的财务人员。而这也就产生了对财务人才的需求和会计师事务所的依赖。因此从大的环境来说，这个专业方向是很有发展前景的。中国的国际化形势给个人也提供了更多的机会和更宽广的舞台。

（4）分析外部环境——威胁分析

从外部环境的角度来看，国际竞争局面日益激烈，这就要求大学生要提升对个人的素质要求。比如会计专业的学生不仅要具备业务能力和掌握相关制度，也要具备分析财务数据的能力。在人才市场上优秀的毕业生数量众多，但找工作的机会不一定是公平的，这就考验人们对问题的分析能力，及时地应对外部的威胁，善于把握机会从而实现就业。

首先，融入大环境，主动与环境交互，把握身边的有利资源，抓住机会，对将要从事的职业有清楚的了解。

其次，加块提升职业需要的专业素质、综合素质，如提高业务能力等。

最后，重点培养自己对企业财务数据的分析能力。企业财务数据的分析能力是财务人员最重要的能力表现形式。这样的能力要积极地展现，以得到更多人的认可和肯定。

通过职业测评认识自己、了解自己。个人 SWOT 分析是职业生涯规划的第一步，它能帮助我们明确自身的优劣势，从而思考未来的行动方向。

（二）PPDF 法

PPDF 的英文全称是 Personal Performance Development File，中文意思是个人职业表现发展档案。PPDF 是对员工工作经历的一种连续性的参考，它能使员工及主管领导对该员工所取得的成就，以及员工将来想做些什么有一个系统的了解。它既指出了员工现时的目标，也指出了员工将来的目标及可能达到的目标。同时，它还能帮助你在实施行动时进行认真思考，看你是否非常明确这些目标，以及你应具备的能力和条件。

具体来说，PPDF 法包含以下几个方面的内容。

1. 个人情况

个人简历：包括个人简介、兴趣爱好等。

文化教育：初中以上的校名以及在学校参加组织过何种社会活动等。

学历情况：所有的学历、取得的时间、参加过的课题以及分数等。

培训经历：曾受过何种与工作有关的培训（在校、业余还是在职培训）。

工作经历：按顺序填写工作过的单位名称、工作内容、工作地点，重点突出有成果的工作经历。

行为管理论述：写出对工作的评价，以及关于行为管理的事情。

评估小结：对档案里所列情况进行自我评估。

2. 工作情况

现时工作情况：填写现在的工作岗位、岗位职责等。

现时行为管理文档：写上现在的行为管理文档记录，需要时加备注或注释。

现时目标行动计划：设计一个目标，同时列出和此目标有关的专业、经历以及现时目标内容及期限等。

3. 未来期望

职业目标：在今后的 3～5 年里，准备在单位里做到什么位置。

所需要的能力、知识：为了达到目标，应该拥有哪些新技术、能力和经验等。

发展行动计划：为了获得这些能力、知识等，准备采用哪些方法和实际行动，其中哪一种是最好、最有效的，什么时间完成。

发展行动日志：发展行动计划的具体活动安排，所选用的培训方法，如听课、自学、所需日期、开始的时间、取得的成果等。

对照上面的详细内容，结合实际情况，大学生可以为自己的职业生涯规划设计一个 PPDF，并且每隔一段时间拿出来进行对照，以便及时做出调整。因为 PPDF 的使用需要外界权威的支持，大学生可以把自己的 PPDF 分别拿给老师、家长，有了外界权威的监督和指导，相信定会收到事半功倍的效果。

五、职业生涯规划的评估

通过实践活动才能够检验方案是否可行，制定出了职业生涯规划之后，学生要亲自去实践。

运用职业生涯评估规划标准对职业生涯的发展状况进行检测，并根据现实社会的变动进行修改，在此期间要确保评估方式的科学性以及客观性。

（一）职业生涯规划评估的内容

职业生涯规划评估一般围绕以下四点进行。

1. 对职业生涯规划目标的评估

选择合适的目标进行评估，要求学生们要认真分析职业生涯规划的目标，在遇到问题的时候要做出修改的选择。假如学生们没有进行职业实践活动，就很难了解到职业的实际特点。如果岗位特点与个人的需求产生矛盾，大学生就需要考虑更换目标。

2. 对职业生涯规划前景的评估

评估未来的职业发展前景，要求学生们根据评估的结论来调节职业发展方向，假如制定出的发展规划与社会环境的变化存在着矛盾，学生们在实践期间就需要修正个人的职业发展方向。

3. 对职业生涯规划实施方法的评估

评估职业生涯规划的实施方式要求学生们对达成目标的方式进行思考，假如运用这种方式在实施期间存在着难度过高的问题，或者发现目标并不合理，此时就需要调整实施的方式和方法，并且要再次思考职业生涯规划的目标。

4. 对其他因素的评估

对其他因素的评估指大学生需要对诸如家庭情况、身体健康状况、意外突发事件因素等做出及时的评估。如果发现家庭需要自己投入更多的精力去经营照顾，就要在家庭和工作之间做出权衡；又比如身体健康状况不大好，就不得不降低自己的职业目标和要求。

小强以优异的成绩考上了大学，学的是生物学专业。小强对学术研究很感兴趣，对自己的职业生涯规划继续深造，做一名研究员。小强在毕业时，也是按照当初的设想寻找相关的工作单位，可是他的爸爸病倒了，家庭的重担一下子就压在了小强的身上。小强现在面临两个选择：一是继续按照自己的职业生涯规划的方向前进，可是这样做无法照顾生病的父亲；二是回乡发展，在工作的同时还能兼顾对家人的照顾。在反复思考过后，小强利用自己的学科知识，向乡政府申请了一笔创业贷款资金，在村子里大搞生物农业。这样小强不仅能照顾生病的父亲，承担起家庭的责任和重担，而且能从事自己感兴趣的职业，还能利用自己所学知识带领同村乡亲共同富裕，可谓一举多得。

小强本来有一个规划好的职业生涯发展道路，可是在实施过程中，家庭因素出现了意外情况，因此小强对职业生涯规划进行了评估，最后对自己的职业生涯规划做出了调整。大学生在进行职业生涯规划的过程中，会遇到各种各样的问题，及时地评估与调整是确保职业生涯良好发展的必要保障。

（二）职业生涯规划评估的方法

对职业生涯规划进行客观理性的评估，需要运用正确科学的评估方法。不管是自我评估、他人评估，还是过程与结果评估、内外部评估，其评估的要点都是判断自己与现实环境、职业目标的兼容性，并找出其中的差距，提高评估的客观准确性。

管理学中有一个著名的木桶理论，又称为短板效应，指的是一个木桶的容量大小，不在于最长的那块木板长度，而取决于最短的那块木板长度。这启发了大学生在进行职业生涯规划评估时，需要找准突破方向，评估出自己最弱的环节，从而找准自身与现实的差距，只有这样才能更有针对性地进行调整与修改。常见的职业生涯规划评估方法有对比反思法、交流反馈法和分析总结法，接下来将对这三种方法进行讲解。

1. 对比反思法

对比反思法指大学生在规划职业生涯的过程中，要善于思考和向他人学习。每个人都有自己不同的职业生涯规划方法，应学会对他人的职业生涯规划进行分析，吸取有用的方法；并对自己的职业生涯规划进行反思，看是否出现了他人在做职业生涯规划时出现的问题，有则改之。这样有助于评估和修改自己的职业生涯规划。

在职业生涯规划开展的过程中，大学生也需要对自身职业生涯规划进行不断的反思，比如职业生涯规划中的某些计划按时完成了没有？通过实践活动有没有收获？与预期效果的差距有多大？为什么会产生这些差距？

这些都是需要大学生不断自问的问题，再根据回答和客观事实对自身职业生涯规划进行调整与修改。

2. 交流反馈法

交流反馈法又称为 360 度反馈法。这套评估方法是由英特尔企业率先提出并实施的。在这套评估法中，评估者包括所有与被评估者有密切接触的人，也就是说，评估者的上司、同事、下属、客户和自己都需要参与到整个评估中来。被评估者通过评估者对自己职业生涯的评估反馈意见，来对自己的职业生涯规划进行修改。作为大学生，交流反馈法的评估者应该包括学校、老师、同学、朋友和自己。其中，最重要的是需要做好同学和朋友之间的评估及自我剖析评估。

（1）同学和朋友的评价

同学和朋友是个人在大学生活中相处时间最长的人，不同的同学和朋友给出的评价各不相同。这有助于大学生集思广益，让自己更清楚自身的优势和不足，从而对自己的职业生涯规划加以改正和完善。

（2）自我剖析

自我剖析是对自我进行反思总结，这是一种充分发挥主观能动性的过程。大学生可以使自我剖析成为自我认识、自我完善的有效手段，并在不断地自我剖析和完善中对自己的职业生涯规划做出相应的调整。

3. 分析总结法

分析总结法指大学生对自己的职业生涯规划分类别地进行分析。对自己进行系统的分析，能够帮助大学生深层次地认识和思考自己职业生涯规划的若干问题。只有在分析出问题后，大学生才能进一步地去解决问题，从而完善自己的职业生涯规划。

（三）职业生涯规划评估的作用

职业生涯的发展不可能是一帆风顺的，规划也不是万能的。在实践过程中，必然存在各种问题或不适应。职业生涯规划评估与实践是相辅相成的，在实践时产生的问题能够帮助大学生更好地评估与修改职业生涯规划，而评估与修改职业生涯规划能够帮助大学生更好地规避更多的问题。

评估是一个不断深化自我认识的过程，它能使大学生在自己动态的成长过程当中正确而全面地认识自己。随着大学生心智的不断成熟和阅历的不断丰富，以及兴趣、价值观的不断变化，原本的自我认识已经具有滞后性，进行职业生涯规划评估能让大学生进一步认识自己。

第二节　大学生职业生涯规划书

在进行完自身的职业决策与职业定位以后，大学生就可以着手制作职业生涯规划书了。职业生涯规划书是个人在职业生涯规划过程中思考和总结的书面呈现，文字的表达形式便于大学生理顺总体思路，并对整个职业生涯的发展方向进行把握，可以随时进行参考、评估和修正。

一、大学生职业生涯规划书的撰写方法

（一）思考圈法

1.思考圈法概述

思考圈法是中国香港高校大学生职业生涯规划常用的一种理论方法。该理论以循环思考来表述职业生涯规划，是下面六个要素之间的往返循环过程。

"身在何处"即了解目前情况、存在的差距，这是问题解决开始时需要的信息。"身在何处"使大学生看清现在的自己。通过对思想和行为的环境因素和自然情况的探索，了解自身的优缺点、个性、潜能和基本条件等，从而对自己及自己在环境中的位置具有清晰的认识。具体方法有辅导员面谈、小组探讨、心理测验、斯特朗职业兴趣量表等。

"何以至此"即分析原因。这些原因可能是客观方面的，如就业形势、金融危机等，也可能是主观方面的，如就业观念、领导重视、政策支持等。"何以至此"使大学生从经历中寻求对现实自我评价结果的验证，在历史与现实中找出相互间的必然联系和内在原因，并探究内在追求等。具体方法：启发和引导学生对自己过去和各个方面进行系统的回顾与总结，对自己进行更加深入的探索和发现。

"欲往何方"即找出最优选择，并做出临时选择，选择可能性最大的情况。思考并明确学校的就业目标是什么。"欲往何方"帮助学生澄清自己的就业愿望与就业目标。具体方法：使学生摆脱思考角度、方法和信息的局限，解决目标不够清晰、具体，太空泛，过于理想化等问题，进而制定明确的、可量度的、可达到的、实际的和有时限性的就业目标，建立合理的就业期望。

"有何资源"即精心搜索和综合选择。精心搜索，是指查看各种资源以开发尽可能多的有利资源。综合选择是整合与目标一致的有效资源。"有何资源"使大学生针对确定的职业目标与发展期望，寻找和发现已经具备的条件资源，看到其自身与目标和需要条件之间存在的差距。这有助于学生建立自信、促进自我完善，有助于学生扬长避短。大学生要整合社会资源，如校友、合作企业、合作院校等，充分利用学校图书馆、各类专业课程，各类就业信息资源，有针对性地开展个性化的咨询，全面提升自身就业能力。

"何以前往"即设计一项计划来实施某一临时选择，包括职业生涯规划的实施等。"何以前往"是大学生在这一过程中确定思想和行为上"方法"和"策略"的阶段：一方面，要进一步地努力缩小差距，改进不足，促进自我完善；另一方面，在自己优势的基础上，确定可以最大限度地展示和发挥优势的求职和发展策略。具体方法：制订可行的行动计划，撰写求职材料并选择最合适的求职方式，提高应聘成功的概率。

"可知到达"即通过结果和结论与选择和目标比较，分析和检验与目标的差距，总结经验，为下一循环打下好的基础。在策略确定并实施后，还要引导学生对策略的实施结果进行评价。具体方法：明确成功标准，将方案实施效果与目标进行比较，衡量实现程度。如果没有达到预期目标或者求职不成功，说明在上述过程中的某些环节出现了偏差，可以引导学生重新利用思考圈进行反思与探索，使过程可以持续改进。

2. 思考圈法的运用

下面我们对一个案例进行分析，向大家演示思考圈方法在大学职业生涯规划书中的运用。

基本情况：王某，男，1999 年出生，2018 年 9 月考入抚顺职业技术学院财经系，2022 年 7 月毕业，目标进入某会计师事务所，专业方向是注册会计师。

"身在何处"：大学二年级，所学专业会计。对生活态度比较积极，善于发现事物和环境积极的一面，待人真诚，性格开朗，并乐于与人交往和沟通，善于开导别人，喜欢思考问题，有一定的分析能力，并有寻根究底的习惯，做事比较认真，有浓厚的学习兴趣和一定的实力，比如英语方面。心思细腻，考虑问题比较细致，逻辑性和条理性较好，有一定的书面表达能力。喜欢能让自己静下心来的工作环境，喜欢跟人打交道的工作。

"何以至此"：竞争意识不强，对环境资源的利用不够主动，也就是与环境的交互能力不够，口头表达过于细节化，不够简洁，做事不够果断，尤其事前做决定的时候老是犹豫不决，学习有些保守，冒险精神不够，没有结合长远目标，并且创新能力有待提高，组织管理方面的能力和实践经验欠缺，做事有时拖拉，不够雷厉风行，不喜欢应酬和刻意的事情。

"欲往何方"：进入某会计师事务所。

"有何资源"：从专业方面来说，现在是一个经济爆炸的时代，各种大中小型民营公司以及合资、外资企业如雨后春笋般萌发，但往往各企业并不能同时拥有正规并且成熟的财务人员。而这也就产生了对财务人才的需求和会计师事务所的依赖。因此从大的环境来说，这个专业方向是很有发展前景的。中国的国际化形势给个人也提供了更多的机会、更宽广的舞台。

"何以前往"：首先，融入大环境，主动与环境交互，挖掘身边的有利资源，抓住机会，对将要从事的职业有清楚的了解。其次，加快提升职业需要的专业素质、综合素质，如财经计算能力等。最后，重点培养对企业财务数据的分析能力。该能力要积极地展示，以得到更多人的认可和肯定。做好思考圈分析是职业生涯规划的关键一步，它能帮助我们明确自身的优劣势，并思考未来的行动方向。大学生要学会把战略方向转化为战术技巧、实施方案，这有助于你在求职路上步步为营，走向成功。

"可知到达"：通过职业生涯规划的实施，学生的知识、技能、社会适应能力会不断增长，与理想、价值观以及追求的职业目标都在不断接近。因此，要不断将职业生涯规划实施前后进行比较，发现不足，继续改进，以更高的起点再一次进入思考圈策略中，以循环发展性原则在不断探索、不断进取和不断调整中实现自己的职业目标。

（二）五步法

1.五步法概述

五步法是职业生涯规划的一种简单应用。依托的是归零思考的模式。

共有五个问题，综合五个问题的回答，就可以设计自己的职业规划。

我是谁？

我想做什么？

我会做什么？

环境支持或允许我做什么？

我的职业与生活规划是什么？

"我是谁？"：面对自己，真实地想出每一个想到的答案；写完了再想想有没有遗漏，认为确实没有了，就按重要性进行排序。

"我想做什么？"：可将思绪回溯到孩童时代，从初次萌生第一个想干什么的念头开始，然后随年龄的增长回忆自己真心向往过想干的事，并一一地记录下来，写完后，认为没有遗漏就进行认真的排序。

"我会做什么？"：则把确实能证明自己的能力和自己还可以开发出来的潜能一一罗列出来，认为没有遗漏了，就进行认真的排序。

"环境支持或允许我做什么？"：则要考虑本单位、本市、本省、本国和其他国家，只要认为自己有可能借助的环境，都应在考虑范围之内，在这些环境中，认真想想自己可能获得什么支持，然后按重要性排序。

"我的职业与生活规划是什么？"：你就有了最后答案了。

具体做法：把前四张纸和第五张纸一字排开，然后认真比较第一至第四张纸上的答案，将内容相同或相近的答案用一条横线连起来，你会得到几条连线，而不与其他连线相交的又处于最上面的线，就是你最应该去做的事情，你的职业生涯就应该以此为方向，并在此方向上以三年为单位，提出近期、中期与长期的目标。再在近期的目标中提出今年的目标，将今年的目标分解为每季度目标、每月目标、每周目标、每天目标。这样，你每天睡前就可以对照自己的目标进行反省，总结当日成就与失误、经验与教训，修正明天的目标与方法，第二天醒过来后稍加温习就可以投入行动了。这样日积月累，没有不能实现的规划[①]。

2. 五步法的运用

下面我们对一个案例进行分析，向大家演示五步法在大学职业生涯规划书中的运用。

小王，女，抚顺职业技术学院计算机专业，虽然计算机属于热门专业，但女生的就业竞争力不如男生，同时自己又比较喜欢教师职业，所以，小王对自己的职业动向难以选择。在这种情况下，我们和她一起进行了一次有关职业规划方面的思考，并通过对其职业前途的规划确定其就业方向。

你是谁：某重点高校计算机专业毕业生，身体健康，性格居于内向与外向之间，学业成绩优秀，英语水平为国家六级，辅修过心理学、管理学；长期担任学生干部；参加过高校演讲比赛，拿过名次；家庭状况一般，父母工作稳定，身体健康，暂时还不需要有人特别照顾。

你想做什么：比较喜欢教师这种职业；其次希望成为公司的一名技术人员；如果出国读管理方面的硕士，回国成为一名企业管理人员也是可以接受的。

我会做什么：做过家教，虽然不是自己的专业，但与孩子交流有天生的优势，当学生成绩进步时很有成就感；当过学生干部，与同学相处比较好，组织过几次有影响的大型活动；实习时在公司做过技术开发，虽然没有大的成就，但感觉还行。

环境支持或允许我做什么：家里亲戚推荐去一家公司做技术开发；GRE考得还可以，已经申请了国外几所高校，但能不能有奖学金还很难说，况且现在签证比较困难；去年曾有几家学校来系里招聘，但不是当老师，而是要去学校做技术维护，今年不知会不会有学校再来招聘教师；有同学开了一家公司，希望能够加盟，但自己不了解这个公司的具体业务，也不知道它的发展前途有多大。

---

① 游秀玲.我国高校创业教育管理问题及对策研究［J］.品位经典，2019（9）：81-83.

我的职业与生活规划是什么：最后的选择可能有四种，分别如下。

①到一所中学当老师，自己有这方面的兴趣和理想，在知识和能力方面并不欠缺，在素质教育大趋势下，自己有专业方面的优势，讲授知识时可以让学生了解更多的前沿知识。特别是现在，计算机在中学生中得到了相当高的普及，并且自己有信心成为学生心目中的好老师。不足的就是缺乏作为一名教师的基本训练以及一些技巧，但这可以逐步培养。

②到公司做技术人员，收入会好一些。但通过这几年的发展看，这种行业起伏较大，同时由于技术发展较快，得随时进行知识更新，压力较大，信心不足，兴趣也不是很大。

③去同学的公司，丢掉专业从最底层做起，风险较大。

④如愿获得奖学金，能够出国读书，回国后做一名企业管理人员。不确定因素较多，且自己可把握性较小，始终处于被动状态。

从职业发展上看，这四种选择都有其合理性，但如果从个体而言，第一种选择显然更符合她本人的职业取向。从心理学上看，选择第一种能够使她得到最大的满足，在工作中也最容易投入，做出一定的成绩后会有很大的成就感。从职业前途来看，教师这个职业也日益受到社会的尊重，社会地位呈上升趋势。从性格上看，这种职业也比较符合她的职业取向。主要困难是非师范生进入这个职业的门槛比较高，如果她在确定自己的最终目标后能够努力去弥补与师范生在职业技巧方面的差距，那么她实现自己的职业理想将为时不远。

（三）职业生涯设计的原则

1. 明确目标

目标的威力在于给了人们行动的方向。一个有明确目标意识的人，获得成功的可能性远远高于目标意识不明确的人。只有树立了明确的目标，才能向着目标方向努力；才能有意识地为这一目标收集资料、积累素材、创造条件，并使自我的行为符合自己制定的目标；才能在实施目标过程中不断学习，加速自我完善，并走向成功。

2. 敢于挑战

平庸的计划会使人失去斗志，失去发展的机会。只有当大脑受到最严峻的考验，只有当人所具有的每一点智慧才华都被全部调动起来的时候，他才会发挥出最大的能量。

一个人的成就不会超过他的信念。没有挑战，怎么知道自己的潜能有多大？没有奋斗，就没有成长。一份有挑战性的计划，更能激发你的工作热情和创造力。

所以。同学们在制订计划时既要有挑战性，又要量力而行，避免好高骛远。

3. 便于操作

制订计划是为了执行计划。在制订计划时一定要考虑计划的可行性，从实际出发考虑个人、社会和组织环境的特点和需求，让计划成为行动的指南。为增强计划的可操作性，在执行的过程中要不断地完善计划。

（五）职业生涯设计步骤

一份完整的职业生涯设计应当包括自我认识与职业定位、职业环境分析、确定职业目标、职业生涯设计与实施和反馈调整五个步骤。

1. 自我认识与职业定位

认识自我是进行职业生涯设计的第一步。认识自己，既要考虑职业需求，又要考虑自己的个性特长，还要认识到职业岗位与自己的关系。认识自己，要客观地评价自己，既不可高估自己，也不能贬低自己；要认识自己的理想、价值观、兴趣爱好、能力、性格等心理特点；要认识自己的优势、劣势、自己与众不同的方面和发展潜力。因此，认识自己首先要弄清楚三个问题：我是谁？我想干什么？我能干什么？

（1）兴趣与职业——"喜欢＋什么"

兴趣是指一个人力求认识、掌握某种事物，并经常参与该种活动的心理倾向。有的人对研究自然科学感兴趣；有的人倾向于情感世界，对人际关系领域感兴趣；有的人对机器操作感兴趣……不同的职业需要不同的兴趣特征。

一个擅长技能操作的人，在技能操作领域里得心应手，如果强行把他的兴趣转移到理论研究上来，他就会感到无用武之地。正是这种兴趣上的差异，构成职业选择的重要依据。孔子说，知之者不如好之者，好之者不如乐之者。意思就是说，了解一件事的人不如喜欢这件事的人，喜欢这件事的人不如以这件事为乐趣的人。只有对某种职业感兴趣，才会对该种职业活动表现出极大的热情，在工作中才会调动整个心理活动的积极性，开拓进取，努力工作；反之，强迫做自己不愿做的工作，对精力、才能都是一种浪费。

一个人的兴趣爱好有很多，一般来说，兴趣爱好广泛的人，选择职业时的自由度就大一些，更能适应各种不同岗位的工作。广泛的兴趣可以促使人们注意和接触多方面的事务，为自己选择职业创造更多有利条件。

（2）特长与职业——"擅长干什么"

特长是指个人在某个方面具有的突出才能，包括与工作有关的专业特长；也包括一般特长及业务爱好方面的特长，如某种体育运动项目以及摄影、绘画、书法、歌舞等。美国哈佛大学心理学家加德纳认为，一个人的智能是以组合的方式构成的，每个人都是具有多种能力的组合体，人的智能是多元的，除了语言—言语智能，逻辑—数理智能两种基本智能以外，还有视觉—空间智能、音乐—节奏智能、身体—运动智能、自我认识智能等。因此，一个人的特长能直接影响职业活动的效率，从事能够发挥特长的职业，是职场上与他人竞争的优势，也是获得职业成功的驱动力。

（3）根据社会需求确定符合自身实际的职业方向

社会理想制约职业理想，职业理想是人的社会理想在职业生涯中的体现。在确立个人的职业理想时首先应考虑到社会的需求，社会的需求决定了在一段时间内社会职业方向的主流。个人只有适应社会的需求，才有可能使自己的努力结出理想的果实。比如，国家前几年主导的是"大力振兴装备制造业、加快发展服务业"，而且是"走新型工业化道路"，因而在这些行业会产生大量的岗位，需要大批的专业能力扎实、动手能力强的高素质人才，这指的就是高职院校毕业生。所以，只要在选择专业时满足了社会的需求，好好学习本领，将来是不会找不到好工作的。

（4）以专业知识及技术应用能力为依据定位职业

职业定位是对自己的职业目标的界定，其实就是对自己"擅长干什么""适合干什么"的理性认识和分析。

职业定位有技术型定位、管理型定位、创造型定位、自由独立型定位和安全型定位5种基本类型。社会上任何职业对从业者都有适应该职业的能力要求，对自己进行职业定位就是衡量自己能否达到这种要求。

高职学生的职业定位，更应该从自身的专业知识、技术应用能力出发，实事求是地检测一下自己的学识水平和职业能力，不要好高骛远或单纯地去追求兴趣爱好，这样才能找到"用武之地"。

高职学生应该树立符合自身要求、时代要求的人生发展目标。但目标是否选得合适，就看你有无自知之明，是否对自己定位准确，既要知自己之长短，还要知环境之利弊。要善于根据自己的长短和客观条件选择并不断调整自己的目标，顽强地从现实环境中走出一条路来，这是一个人能否取得成功的重要因素。

2. 职业环境分析

每一个人都处在一定的社会环境之中，都无法避免地受到内、外部环境的影响。在制订职业生涯计划时，就要对社会经济环境条件的特点、组织环境的发展变化情况、自己在整个环境中的优势与劣势、环境对自己提出的要求等因素进行综合分析。

同学们只有对这些环境因素充分了解，才能做到在复杂的环境中趋利避害，使职业生涯设计更适合自己，具有实际意义。

3. 确定职业目标

志不立，天下无可成之事。综观古今，各行各业成就大事业者都有一个共同的特点，就是志向远大。立志是人生的起跑点，反映出一个人的理想、情趣胸怀和价值观，影响一个人的奋斗目标和成就。确定职业目标是职业生涯设计的核心。

目标可以成为追求成功的驱动力。没有目标，如同驶入大海的孤舟，四顾茫茫，不知该走向何方。

没有志向，就会庸庸碌碌，无所事事，事业成功也就无从谈起。因此，在进行职业生涯设计时，要确定目标，确立志向，这是制订职业生涯规划的关键。确定职业目标后要注意以下几个问题。

（1）选对职业找对路

慎重选择职业，是避免在职业生涯的发展中走弯路的重要前提。在一次大型招聘会上，毕业于某高职院校的小何向浙江一家汽车公司申请一个机械工程师的岗位，他学的是机械专业，在校期间各门功课都优秀，毕业后的五六年中，干过并从事过医药、空调、摩托车等产品的销售、品质主管，换了六七份工作，但是没有机械方面的工作经历。招聘者看了他的情况后认为，如果他毕业后稳定地从事过机械方面的工作，则正是公司需要的人选，但是因为他没有这方面的工作经验，公司无法录用他。

据统计，在选错职业的人当中，有80%以上的人在事业上是失败者。因此，职业选择的正确与否，直接关系到人生事业的成败。在选择职业的过程中要考虑性格与职业的匹配、兴趣与职业的匹配、特长与职业的匹配、内外环境对职业的影响。良好的职业选择是以自己的最佳才能、最优性格、最大兴趣、最有利的环境等信息为依据进行的。适合自身的特点是毕业生就业的着眼点。

社会上的职业多种多样，不同的职业，对从业人员的知识、技能、素质等要求不同，而毕业生的自身条件也不一样，不同的个体所具有的素质也是有差异的。因此，高职学生对职业的选择，一方面要从社会需要出发，同时也要考虑自身的实际情况，扬长避短，只有这样才能做到人尽其才，才尽其用。

（2）实现目标要付诸行动

实现理想需要付出艰辛的努力，目标的实现需要一个不懈奋斗的过程，大目标需要分解成可以一步一步实现的小目标。在进行职业生涯设计时，每个学生要把职业目标分解为一个个可以实施的小目标，然后一步一个脚印地去实现。一件大事是由一千件小事组成的，每个人都渴望成就一番大事业，但是不踏踏实实从小事做起，又如何成就大事业？人生犹如爬楼梯，只有一步一个脚印打好基础，脚踏实地地朝着既定的目标迈进，才能最终实现自己的大目标。远大目标的实现建立在每一个阶段目标实现的基础之上。

4. 职业生涯设计与实施

确立了目标，还需要具体的措施做保障，并且在运作过程中要根据外界环境的变化不断调整自己的措施，使之适应新的环境，这样目标才有实现的可能。职业生涯策略是指为实现职业生涯目标而制订的行动计划，一般都是具体的，可行性较强。在确定了具体的职业目标后，行动成了关键环节。

这里所指的行动主要是指落实目标的具体措施，包括教育、培训、实践等方面的措施。例如，你计划学习哪些知识、掌握哪些技能、开发哪些潜能等。

5. 反馈调整

计划赶不上变化，尤其是在现代职业领域，变化是永恒的主题。影响职业生涯设计的因素众多，有的变化因素是可以预测到的，而有些难以预料。环境是多变的，人的追求是善变的。成功的职业生涯设计需要同学们时时审视内、外环境的变化，不断地对自己的设计进行评估和修订并调整自己的前进步伐。

二、大学生职业生涯规划书的设计

设计职业生涯规划书的过程也就是个人根据自身特质和客观环境进行综合分析，确定自己的职业发展目标及策略，并按一定时间制订相应的工作、培训、教育等行动计划的过程。规划的思路、依据、内容和结果形成文字性的方案即构成了职业生涯规划书。职业生涯规划书对实现个人职业梦想有着非常重要的意义。首先，职业生涯规划书通过自我人格特质分析，促使我们深入了解自己、发现自己的专长、挖掘自我潜能；其次，职业生涯规划书可以帮助我们树立明确的职业发展目标，提供自我管理的导向约束，有效克服职业生涯的发展阻碍；最后，职业目标达成的过程，也是提升个人综合素质和个人职业竞争力的过程。

职业生涯规划书具有独特性，大学生一定要结合自身情况，独立完成，绝对不能不负责任地模仿抄袭，当然如果能得到指导老师或职业生涯规划专家的指点与帮助，那将锦上添花。

（一）职业生涯规划书的结构及内容

职业生涯规划书包括自我分析、职业分析、职业定位、计划实施和论证等。

职业生涯规划书是对职业生涯规划的书面化呈现，不仅能展现大学生的宏观职业生涯规划，还能对具体的学习和工作起到指导及鞭策作用。大学生职业生涯规划书的基本内容主要包括以下几个方面。

1. 扉页

扉页包括题目、姓名、基本情况介绍、规划年限、年龄跨度、起止时间。其中规划年限不分长短，可以是半年、三年、五年，甚至是二十年，视个人的具体情况而定。建议大学生职业生涯规划年限为三至五年。

2. 自我分析

一个有效的职业生涯设计必须是在充分且正确认识自身条件的基础上进行的。要审视自己、认识自己、了解自己，做好自我分析，包括自己的兴趣、特长、性格、学识、技能、智商情商、思维方式等，即要弄清我想干什么、我能干什么、我应该干什么，以及在众多的职业面前我会怎么选择等问题。

职业生涯规划书的自我分析可包括以下内容：我的职业倾向分析（喜欢做什么类型的工作）；我的职业价值观判断（在工作中取得的收获与经验是什么）；我的性格评价（自己的性格适合什么类型的工作）；我的能力盘点（自己存在哪方面的优势和劣势）；个人经历（个人有哪些方面的经验，哪些能够对以后的工作选择有所帮助）；自我分析与评估总结（通过对上述各方面进行综合分析与评估对自己有一个明确的认识）。

3. 环境评估

进行职业生涯规划还要充分认识与了解相关的环境，评估环境因素对自己职业生涯发展的影响，分析环境条件的特点和发展变化情况，把握环境因素的优势与限制，了解本专业、本行业的地位、形势以及发展趋势。

职业生涯规划书的环境评估可包括以下内容：社会环境分析、学校环境分析、家庭环境分析、行业环境分析、组织环境分析、职业分析、岗位分析、环境分析。

4. 职业定位

职业定位就是要为职业目标与自己的潜能以及主客观条件谋求最佳匹配。良好的职业定位是以自己的最佳才能、最优性格、最大兴趣、最有利的环境等信息为依据的。这个规划环节包括确定职业方向、各阶段职业目标和总体目标、职业发展路径等内容。

职业生涯规划书的职业定位可包括以下内容：明确可选的职业，职业评估与决策，职业生涯路径设计，职业定位。

5. 职业生涯实施计划

就是要制定实现职业生涯目标的行动方案，要有具体的行为措施来保证。没有行动，职业目标只能是一种梦想。要制定周详的行动方案，以逐步实现各阶段目标，更要注意去落实这一行动方案。

职业生涯规划书的实施计划可包括以下内容：长期、中期、短期职业生涯计划；各阶段计划的分目标、计划内容（专业学习、职业技能、职业素养）；计划实施策略。

6. 评估与反馈

职业生涯规划是一个动态的过程，必须根据实施结果的情况以及变化进行及时的评估与修正。整个职业生涯规划要在实施中去检验，看效果如何，及时诊断职业生涯规划各个环节出现的问题，找出相应对策，对规划进行调整与完善。

职业生涯规划书的评估与反馈可包括以下内容：可能存在的风险；预评估的内容；风险应对方案。

（二）职业生涯规划书的类型

为了更好地管理自己的职业生涯规划，通常采用表格式、问卷式和文字叙述等形式把职业生涯规划内容记录在案。

1. 文本型职业生涯规划书

文本型职业生涯规划书没有固定的模板，具有创作的空间，但规划的依据首先是让自己信服，其次是具有可执行性。一般情况下，文本型职业生涯规划书包括职业理想、自我认识、职业认知、职业目标、实施方案及遇到障碍的对策等内容。

2.表格型职业生涯规划书

表格型职业生涯规划书主要包括两个部分，表头信息和规划内容栏。表头信息是规划人的基本信息介绍；规划内容栏中以目标和实施要点为主，内容不是固定的，可以根据个人情况进行调整。

三、设计职业生涯规划书的原则

职业生涯规划书的设计须遵循一定的原则，这些原则包括以下几个方面。

（一）可行性

每个人都有自己的职业理想，但是理想是否能够实现，则取决于用以实现职业生涯理想的规划方案是否可行。可行性体现在两个方面：首先是职业生涯目标的可行性，即目标的设定是否建立在现实条件的基础上；其次是职业行动计划的可行性，即行动计划自己是否可以做到。

（二）阶段性

个人的发展具有阶段性，每个人在自己人生发展的不同阶段所承担的重点角色不同，有着不同的发展任务。职业生涯规划也应该根据自己的年龄和所处的阶段来设计不同的内容，以适应每个发展阶段的特点，使每个阶段都能过得很充实，并逐步达成阶段性目标，从而实现自己的人生目标。

（三）发展性

所谓"规划"，要求具有一定的超前性和预测性，而事物是不断发展变化的，规划并不总能适应新情况的出现，所以应根据自我发展、社会变迁，以及其他不可预测的因素，主动适应各种变化，及时评估，灵活调整，不断修正、优化自己的职业生涯规划。在调整职业生涯规划的过程中，短期的目标有可能需要调整，目标的重新选择应和长远的人生目标保持一致，使整个规划始终围绕自己的人生目标而展开，过去、现在和未来应有内在的一致性和延续性。

（四）独特性

犹如世界上没有两片完全相同的叶子，世界上也没有两个完全相同的人。每个人无论高矮胖瘦各不相同，内在的性格特征、知识结构、兴趣爱好、能力倾向等都有自己的特点，其家庭条件、所处的社会环境也都不同，因而在制订职业生涯规划时不可能找到普遍的路径，必须综合考虑个人各个方面的实际情况而量身定制。

四、设计职业生涯规划书的注意事项

（一）职业目标切实可行

职业生涯目标的设定一定要结合自身特点和情况，不能完全脱离现实。职业生涯目标切忌理想化，应遵循择己所爱、择己所长、择世所需、择己所利的原则。认清兴趣与能力，能力与社会需求是存在一定差异的，我们所要做的就是在影响职业发展的诸多因素中找一个结合点，这样的职业目标才会有生命力。职业生涯规划书设计是否成功，在很大程度上取决于有无正确、适当、切实可行的目标。

（二）信息收集科学详实

在进行自我评估时，很多大学生会过于依赖职业测验工具。尽管一些经典的职业测验有着很高的信度和效度，但往往缺乏对结果的充分解释，大学生在解读测验结果时也会有一定的倾向性，从而得到偏颇的结论。在进行自我认知时，需要采用多渠道策略，结合测验工具、个人的思考回顾、他人评价等方法，得到全面、正确的结论。另外，在进行职业环境分析时，也需要通过多种途径来收集资料，比如网络、图书资料、从业者访谈等，以保证论证过程的科学合理和结论的真实可靠。

（三）逻辑严密、重点突出

语言朴实简洁、用词精练准确、行文流畅、条理清楚，这是最基本的写作要求。设计职业生涯规划书忌大、忌空、忌记流水账、忌条理不清、忌文法不通，忌错别字连篇；忌过于煽情、没有理性分析；忌死气沉沉，没有朝气。在分析阐述规划时，必须紧紧围绕职业目标这条主线来展开，体现论述的逻辑性和连贯性。要将重点放在自我评估、环境评估、目标实施上。

五、大学生进行职业生涯规划的意义

对职业生涯进行科学、合理的规划，有助于大学毕业生顺利地踏入社会，进入职场，谋求职业发展与事业成功。职业生涯活动将会伴随我们的大半生，因此，职业生涯规划具有特别重要的意义。

（一）形成积极向上的人生观

刚踏进大学校门的新生，绝大部分不知道该以什么样的态度面对大学生活，也不知道自己的人生目标是什么，对于自己身上所肩负的人生责任更是无从谈起。因此，大学生应该科学了解社会需求，找出自己的发展方向与目标。

一个人只有了解自己的需要和追求后，才能确定自己的人生目标，有了目标才会有健康向上的人生态度。人们不仅有基本生存需要，而且有爱、归属、尊重与自我实现的需要，后者的满足依赖于个体的社会化。其中，自我实现的需要可以理解为"事业有成"，而事业有成一定是建立在正确的职业选择与发展基础之上的。因此，大学生应以职业发展为切入点，通过追求职业与事业的成就，实现高层次的自我实现的需要，从而形成积极向上的人生观。

（二）明确职业发展方向

在制订职业生涯规划前，大学生对个人的专业特长、性格特征、待人接物的能力、擅长的技能等做充分、全面的分析，可以帮助自己进行正确评估、准确定位，明白自己更适合从事什么样的工作，自己将来有可能在哪些方面获得成功。逐渐厘清职业生涯发展的方向，形成较明确的职业意向后，提升自己的职业生涯自主意识和责任，为今后的事业发展做全面长远的打算。

小谢毕业后一直从事财务管理工作，从业4年期间换过一家公司，也算是比较稳定。但此时，小谢觉得现在这家公司的发展空间太局限，而且薪水基本没有上浮的空间，个人发展机会太少，所以产生了换工作的想法。原以为以自己的经验和能力找个财务主管的位置是没有任何问题的，可事与愿违，这段时间招聘会跑了不少，网上简历投了更不知道有多少份，可还是没有找到一份合适的工作。问题究竟出在哪里呢？

欠缺正确的方式和方法是小谢受挫的根源，他在谋职时主要依托的是随机的想法，突然发现某一岗位适合自己，就认为肯定没问题，但适合和成功是两回事。小谢首先应通过正确的方式和方法来了解职场和企业需求，然后再明确自己的发展方向，争取跳槽成功。

（三）提高学习实践的自主性

一个人一旦有了目标，就会想着一定要向这个目标努力，并且相信自己能够实现它。大学生的职业生涯规划目标是自己制订的，主动性更强，必将主动制订自己大学阶段的学习和能力培养计划，更加如饥似渴地学习知识，充实自己，完善自我，使整个大学阶段的学习和生活由被动变为主动。如果大学生想毕业后去政府机关工作，那么在大学期间就要主动提升自身的政策理论水平修养，加强个人口头表达能力和文字处理能力的训练；如果毕业后想从事营销工作，则应注重培养自己的市场分析及预测能力和应变能力等。大学生在努力实现目标的过程中，会集中精力、心无旁骛地投入其中，建立起一种自我激励机制，即使遇到困难和挫折，也会全力以赴地去克服。

（四）增强就业核心竞争力

当今社会到处充满着激烈的竞争。好工作不是依靠运气得来的，对大学毕业生而言，它是多种因素共同作用的结果。影响大学生就业的因素包括学校品牌、专业与社会需求、学生自身因素（如个人综合素质、就业观念、就业技巧、家庭背景等）、学校就业指导工作的质量等。其中，个人素质、就业能力与技巧是大学生本人能够控制的。

科学地规划职业生涯将引导大学生正确认识自身的个性特质、现在与潜在的资源优势；激励大学生提高自己的竞争意识，更加注重自身素质和创新能力的提升，从而增强就业的核心竞争力。

（五）奠定职业成功的基础

有效的职业生涯规划可以帮助大学生重新对自己的价值进行定位，并使其持续增值，能够引导大学生评估个人目标与现实之间的差距，学会如何运用科学的方法，不断增强自己的职业竞争力，最终实现职业目标。

大学生要想未来拥有成功的事业，实现自己的人生价值，就需要按照规划，有步骤、有计划地去实施，为自己的人生发展储备能量，创造机会。

小胡高中毕业后就读于一所热门的职业技术学校。在进校之前，小胡就曾听说过一些校友辉煌的历史，有的当上了大公司的总经理；有的当上了销售总监；有的自己创业成为私营企业的大老板。这些成功的事例激励着他，成了他学习的动力。虽然他很刻苦，但学习成绩一直很一般。小胡也对自己的能力有着清醒的认识，为了增加就业的成功率，他为自己制订了一个符合自身条件的应聘方案：先就业再创业，从低职位做起。在人才招聘会上，当大家都一窝蜂地涌向那些高端企业时，小胡专门找了一些刚起步、比较有发展前景的私营企业。小胡通过现场了解该企业未来几年的发展构想后，感觉自己的职业生涯规划与公司的发展方向很吻合，当即表达了自己想加入公司的意愿，老板也很高兴，当场决定录用这个朴实而有理想的小伙子。

本例中，小胡对自我有充分的认识，并进行了正确的职业规划，这为求职成功奠定了基础。与此同时，小胡在求职时没有一味地"唱高调"，而是选择了适合自己的岗位，面试成功是情理之中的事情。

参考文献

［1］蔡玉峰，左健民，陆群，等．对"专转本选拔考试工作的调研与思考［J］．高教学刊，2020（4）：187-190.

［2］陈博，刘湘，张斌．高校教育管理的方法研究［M］．长春：吉林出版集团股份有限公司，2022.

［3］陈帅帅．以就业为导向的办公软件在计算机基础教学中的应用［J］．现代职业教育，2021（21）：210-211.

［4］杜薇．疫情防控常态化下辅导员应用线上就业指导工作新模式探讨［J］．就业与保障，2020（16）：181-182.

［5］冯刚，彭庆红，佘双好，等．新时代高校思想政治教育学原理［M］．北京：人民出版社，2021.

［6］冯荣普，唐亮，刘亚男．就业为导向视角下的地方高校学生管理工作分析［J］．智库时代，2019（21）：55.

［7］顾英佳．浅谈以就业为导向的地方高校学生管理工作方法［J］．市场论坛，2019（8）：53-55.

［8］桂舟，张淑谦，罗元诺，等．大学生职业发展与就业指导［M］．北京：清华大学出版社，2018.

［9］郭晓娜．新冠疫情应对中高校辅导员就业指导工作理念与路径选择［J］．人文天下，2020（24）：157-159.

［10］郭晓芸，许丽丽，王峰．高校思政教育与学生管理融合的关键环节［J］．中学政治教学参考，2021（16）：98.

［11］韩梦擎．就业导向下的高职院校学生管理实践与反思［J］．湖北开放职业学院学报，2020，33（4）29-30.

［12］黄海洋．基于大数据背景下高校大学生教育管理的创新路径探究：评《基于大数据的高校教育管理研究》［J］．热带作物学报，2021，42（10）：3068.

［13］康亚璇，康建波，李志军.高校辅导员焦点解决式线上就业指导新模式探索［J］.创新创业理论研究与实践，2021，4（2）：152-154.

［14］李春阳.高校教学管理机制的改革创新［J］.中学政治教学参考，2020（22）：97.

［15］梁樱花.大数据对我国高校教育管理的影响及其应对措施：评《基于大数据的高校教育管理研究》［J］.中国科技论文，2021，16（11）：1287.

［16］林英艳.新形势下高校教育管理学发展新思路［J］.化工进展，2020，39（4）：1607.

［17］刘洪章.浅谈高等学校教育管理模式的创新思想［J］.食品研究与开发，2021，42（14）：250.

［18］刘胜建.教师在产学研结合中的作用［J］.中国高校科技，2011（6）：27-28.

［19］刘思航，邓昕.高校辅导员开展大学生线上就业指导工作的挑战与应对［J］.北京教育（德育），2021（Z1）：138-141.

［20］刘晓婧，唐浚泷.三全育人视角下高校学生会组织改革实践研究［J］.高校共青团研究，2020（Z2）：163-168.

［21］阿恩海姆.艺术与视知觉［M］.滕守尧，译.成都：四川人民出版社，1998.

［22］马妍.基于创新创业导向的《电子商务网站建设》一体化教学模式探索［J］.科学大众（科学教育），2019（9）：134.

［23］牛国林，王记生，胡冰君.高校管理创新实践研究［M］.长春：吉林文史出版社，2022.

［24］沈翔.基于就业能力培养的高职院校学生管理对策［J］.科技资讯，2022，20（2）：126-129.

［25］汤颖诗.大数据对我国高校教育管理的影响及对策研究［J］.冶金管理，2021（7）：187-188.

［26］田兆富.新时代大学生职业生涯规划与就业指导［M］.北京：清华大学出版社，2023.

［27］王隼.学生管理视角下思想政治教育协同育人效果探究［J］.中学政治教学参考，2021（36）：103.

［28］王韬慧.就业导向视角下的高校学生管理工作探讨［J］.公关世界，2020（20）：110-111.

［29］向银环.基于就业导向的欠发达地区高职院校学生职业素养培养研究［J］.文化创新比较研究，2021，5（16）：38-41.

［30］谢元山，余洋.以就业为导向的高职院校人才培养工作评估背景下的教学督导研究［J］.现代职业教育，2021（27）：186-187.

［31］徐斌.深刻把握"现代化的本质是人的现代化"［J］.国家治理，2021（32）：35-38.

［32］杨红芳.基于就业导向的高校职业教育专业学生教育管理工作的探讨［J］.教育教学论坛，2018（38）：12-13.

［33］易丹丽.高校大学生创业教育管理研究［J］食品研究与开发，2020，49（3）：225.

［34］殷新.大数据背景下高校教育管理信息化建设探索与思考：评《教育管理学：理论研究实践（第7版）》［J］.中国教育学刊，2021（11）：134.

［35］游秀玲.我国高校创业教育管理问题及对策研究［J］.品位经典，2019（9）：81-83.

［36］张村民.高校辅导员开展大学生就业指导工作路径探究［J］.河南农业，2021（24）：13-14.

［37］张凯蒙，邵健.基于创新创业导向的高职学生管理探析［J］.科技风，2020（36）：159-160.

［38］郑美群，李洪英，刘丹.职业生涯管理［M］.北京：机械工业出版社，2022.

［39］周烨伟，韩素斌.基于就业导向的高校学生管理工作研究［J］.就业与保障，2020（16）：158-159.

［40］朱耿.提升人口竞争力环境下应用型本科高校就业导向的教育模式探讨［J］.宁波工程学院学报，2021，33（2）：82-87.

后 记

　　光阴似箭，时光飞逝，本书的写作已接近尾声，内心对本书颇有不舍之情。此书作为本人研究就业为导向的高校管理实践后撰写的作品，包含了本人的全部心血，虽然辛苦，但想到本书的出版能够为就业为导向的高校管理实践研究工作提供一定的帮助，笔者颇感欣慰。同时，本书在创作过程中得到了社会各界的广泛支持，在此表示深深的感谢！

　　随着社会的不断进步，教育事业也在不断地发展，各行各业的发展都得到了充足的人才资源支撑。高校教育在我国教育事业发展中一直以来都有着重要的意义，先后为社会提供了大量的技术型人才和管理型人才，对推动社会生产和发展有着十分重要的意义。然而，在当前市场发展迅速的情况下，各公司就业岗位呈饱和状态，因此，就业市场就业需求相对稀缺，和与日俱增的大学生人数呈现明显的矛盾状况。在这样的环境下，我国高校教育的开展需要转变策略，学校应该重视以就业为导向的高校学生管理工作，这样才能够提高学生对就业的认知，从而树立良好的思想价值观念，并且锻炼自身的专业技能，为后续步入社会奠定良好的基础。

　　在教育事业不断前进的脚步中，高校的教学开办也在不断地完善，所有教育的共同目的就是下至学生上至社会，将庞大的知识力量转变为科学有序的生产动力，从而推动社会的发展与进步，增强我国的综合实力。因此，以就业创业为导向的高校学生管理工作，就成了当代教育中尤为关键的环节。面对每年庞大的毕业生群体数量，高校必须规划好学生管理工作，做好就业创业教育，从而促进学生能够在社会发展的过程中发挥自身的学识力量，为社会的繁荣和稳定奠定良好的基础。

　　虽然本书的编写工作已接近尾声，但是就业为导向的高校管理实践研究工作仍在不断地发展，这也就决定了关于就业为导向的高校管理实践研究工作依然任务艰巨。作为本书的撰写者，笔者会不辱使命，潜心研究，积极探索，力求突破，承担起这份光荣的职责，为就业为导向的高校管理实践研究工作贡献自己的力量。

王　浪

2023 年 8 月